本书为教育部哲学社会科学研究后期资助项目"社会网络与群体自组织管理：基于城市旅游非正规群体的研究"（项目编号：18JHQ059）的最终成果

社会网络与
群体自组织管理

基于城市旅游非正规群体的研究

文 彤 黎结仪 郭 强◎著

暨南大学出版社
JINAN UNIVERSITY PRESS

中国·广州

图书在版编目（CIP）数据

社会网络与群体自组织管理：基于城市旅游非正规群体的研究/文彤，黎结仪，郭强著．—广州：暨南大学出版社，2024.10
ISBN 978 - 7 - 5668 - 3925 - 1

Ⅰ.①社…　Ⅱ.①文…　②黎…　③郭…　Ⅲ.①城市旅游—旅游业发展—研究—中国　Ⅳ.①F592.3

中国国家版本馆 CIP 数据核字（2024）第 097972 号

社会网络与群体自组织管理：基于城市旅游非正规群体的研究
SHEHUI WANGLUO YU QUNTI ZIZUZHI GUANLI：JIYU CHENGSHI LÜYOU FEIZHENGGUI QUNTI DE YANJIU
著　者：文　彤　黎结仪　郭　强
....

出 版 人：阳　翼
策划编辑：潘雅琴　潘江曼
责任编辑：张　钊
责任校对：刘舜怡　陈慧妍
责任印制：周一丹　郑玉婷

出版发行：暨南大学出版社（511434）
电　　话：总编室（8620）31105261
　　　　　营销部（8620）37331682　37331689
传　　真：（8620）31105289（办公室）　　37331684（营销部）
网　　址：http：//www.jnupress.com
排　　版：广州良弓广告有限公司
印　　刷：广州市友盛彩印有限公司
开　　本：787mm×1092mm　1/16
印　　张：11.25
字　　数：178 千
版　　次：2024 年 10 月第 1 版
印　　次：2024 年 10 月第 1 次
定　　价：49.80 元

前　言

　　本书以依托广州塔景区的城市非正规旅游摄影从业者群体为研究对象（即书名中的"旅游非正规群体"），通过长期的跟踪调查，采用质性研究方法，分析该群体的社会网络和自组织过程。研究发现：①该群体经历了开拓、发展、自治三个自组织过程，并形成了内外有别、等差有序、互惠互利、避免冲突、自理盈亏等五条行规以及奖惩监督制度。②该群体以公共游憩空间为载体，经历空间占领、空间争夺、空间规范化过程，形成了特殊的就业空间环境。③在自组织过程中，该群体的内外部社会网络关系分别发挥着拉力和推力作用，同时群体中的能人效应、网络关系所内生的信任和互惠机制反作用于群体的自组织过程。④通过自组织发展，该群体形成了技能共享、经营标准化和分工一体化的作用机制，实现了群体利益共享的自组织效果。相比于以往聚焦于非正规就业群体行业特征的研究，本书探明了该群体的自组织过程和效果，研究成果能够为政府引导旅游非正规就业提供启示。

　　本书的出版将有助于旅游学科、社会学科、公共管理学科研究人员和政府职能部门管理人员、旅游行业从业人员深入理解非正规就业群体的发展规律与管理态势。

目　录

1 绪论

1.1 研究背景

改革开放以来我国城市就业模式变化迅速，大量城市或农村劳动力由于技能欠缺、资金不足、规避税收等而选择进入政府管制之外的非正式部门，形成非正规就业经济[1-3]，目前此类就业已经成为各个城市的重要就业形式[4]。然而，由非正规就业经济活动引发的交通拥堵[5]、扰乱社会治安[6]、欺骗广大消费者[7]以及地痞斗殴等"脏、乱、差"现象[8]，使这一经济活动群体被视为城市问题的主要根源。对于非正规就业者群体的管理和引导成为相关政府部门面临的关键问题，也是中国城市化过程中的热点问题。

1973年，国际劳工组织在《就业、收入和平等：肯尼亚增加生产性就业的战略》这份报告中将非正式部门界定为未经政府承认和不受政府管制的经济部门，如流动摊贩、三轮车夫、街头卖艺者、拾荒者等，指出他们均具有低门槛、低技术、低效率、低收入等就业特点，是一种降级的劳动力[9]。故此，在多元、异质、匿名的"城市主义"背景下，非正式部门往往与"落后"相联系，被视为城市边缘或底层，人员分散，组织程度低，流动率高，内部活动缺乏秩序和管理。与此同时，学界却开始揭示这些看似"无序"的底层社会群体的"有序"和"有利"，经典之作如波士顿北部的街角青年[10]、新墨西哥的 Maxwell 街市[11]、深圳"平江村"货运市场[12]、北京"浙江村"制衣市场[13]等研究。这些案例均揭示了非正式部门内部存在一套"类单位制""公司制"或"嵌入制"的管理运行机制，是一种群体自组织的呈现。这些非正规就业者群体的社会网络和社会交往以地缘、血缘等乡土社会关系为纽带[14]，依附于特定的社会空间[15]，展现了外来人口通过以地缘为基础的社会网络而塑造的"非国家空间"[16]，形成一种自组织和自管治状态。

旅游非正式部门是指在旅游业管理部门有效控制以外的旅游小微企业或自我就业部门，经营目的是解决就业问题，其类型包括无证经营的小旅店、工艺品制作者、流动小吃摊、脚踏车司机、个体出租车司机、无证导游等[17,18]。他们没有统一的组织，散处各地，可能与正式部门并存于中心城市，也可能散处于乡村休闲度假地带[19]。旅游非正规就业作为一种典型的非正规就业，更为强调就业群体内部的自组织行为。区别于其他行业的非正式部门，旅游非正式部门体现了更为明显的"需求趋势"特征。旅游非正规群体大多由流动性高、地域分散且远离客源市场的就业者构成，他们拥有的资源、资金有限。因此，他们急需获取、积聚、整合资源，在不确定的外部环境中生存下去[20]。故此，旅游非正规群体更为强调群体的自我管理，他们常常通过互惠、尊重、共享和协调的逻辑来实现资源整合，提升群体的凝聚力和话语权，以实现群体的可持续发展。Steel 对秘鲁中心广场的研究指出，旅游非正规群体在长时间经营后将形成一个甚至多个非正式组织，组织中有领导者和跟随者，层级分明，分工合作[21,22]；Crossa 的研究进一步阐明，非正式组织内部逐渐衍生内发性的多元交叉关系网络，来帮助组织实现更好的自治理[23]；Wen 等则提出，中国的旅游非正规群体的自组织具有强烈的中国特色，它基于一套江湖理论，以仁爱、义气、礼待作为价值核心，来实现群体内部的自我协调和自我约束[24]。由此可见，学界对旅游非正规群体的引导和管理研究开始从"他组织"逐渐深入"自组织"，强调一种"人本"理念和"参与"观念。然而，已有研究更多地停留在旅游非正规群体自组织现象的提出和形式的叙述，对于自组织过程和机制的挖掘尚缺乏。本书对广州塔景区周边非正规旅游摄影从业者的自组织行为进行研究，尝试还原其自组织发展的具体阶段，并剖析自组织的支撑体系和社会影响，为旅游非正规群体的自组织研究提供有效的理论实证补充。

广州塔景区于 2010 年建成开业，是当前广州的新城市地标，来到广州的游客大多会到访广州塔。广州塔景区开业以后，一些进城农民工或者城市失业者迅速捕捉到广州塔带来的商机，从各地来到广州，从事旅游摄影。由于没有工商注册登记，也没有缴纳营业税，他们游走在景区的广场上做生意，形成了旅游非正规群体。经过了 10 多年的发展，目前该群体的规模已经超过了 100 人。如此规模的城市旅游非正规群体在缺乏政府持续有效管理的情况下，并没有出现严重的"失序"，必然存在管理组织或机制在其中发生作用。而前期预调研也发现，广州塔周边的非正规旅游摄影从业者自成群体、自定规则、自我管理，实现了有序的自组织。故此，本书以其为研究对象，深入剖析其自组织机制。详细探究：城市旅游非正规群体是如何实现自组织的？自组织背后的支持机制是什么？自组织带来怎样的社会影响？该群体的自组织行为对于其他非正规就业群体的管理和引导有怎样的借鉴意义？——回答以上问题，能够更好地解读旅游非正规群体的内部特征以及他们与其他群体之间的互动作用，可以丰富旅游非正规就业研究的本土化案例。

1.2　研究内容与意义

1.2.1　研究内容

（1）城市旅游非正规群体自组织的形成过程。

自组织的形成需要经历一个过程，这个过程的长短取决于自组织行动者的性质。罗家德指出，每一个群体的自组织行为都必须经历以下五个步骤：人群聚拢、小团体产生、内部认同产生、共同目标形成、规则和监督执行[25]。整个自组织过程作为群体自组织行为的载体，是自组织研究的核心内容。因此，本书的第一项研究内容就是还原广州塔景区周边非正规旅游摄影从业者群体的自组织过程，剖析该群体从无序到有序的阶段划分、行规条例及监督机制，探索自组织从无序到有序的转变，为下文的进一步分析提供资料基础。

（2）城市旅游非正规群体自组织的空间环境。

非正规旅游摄影从业者群体的自组织之所以得以实现，主要得益于广州塔景区为其提供了一个具有经济潜能但缺乏政府"他组织"的地方。广州塔景区作为广州的新地标，是广州城市的"门面"，因而聚集了大量的人流、客流和资金流，为非正规旅游摄影从业者提供了发展空间。与此同时，"非正规性"决定了旅游非正规群体无法获得政府的认可。因此，该群体必须从自身出发，通过不断提高自身的组织程度来实现有序化，以获得经营的稳定性和利益的最大化。与此同时，非正规就业群体具有的公共空间占有特性使他们不可避免地会与政府部门、正规就业群体、消费者和居民等群体产生关联。面对这样的就业环境，本书的第二项研究内容就是剖析非正规旅游摄影从业者群体所根植的社会空间环境，从空间生成演化、空间特征和空间社会属性切入，同时讨论他们如何处理相关空间的利益关系，实现空间的有效利用。

（3）城市旅游非正规群体的自组织关系网络。

旅游小微企业大多由流动率高、地域分散且远离客源市场的就业者构成[20]。而这种现象在旅游非正规群体中表现得更为明显，使其呈现出松散、无结构的特点。要在不确定的外部环境中生存下去，旅游非正规群体必须通过与其他旅游非正规群体、正规企业、政府机构等建立非正式联系，构建关系网络，并通过网络输送知识、信息、资金、人员等资源，为其发展壮大提供保障。故此，本书的第三项研究内容便是剖析非正规旅游摄影从业者群体在自组织过程中所集聚的内外部关系网络，并进一步探讨关系网络对其自组织的作用。

（4）城市旅游非正规群体的自组织效益表现。

城市旅游非正规群体从无组织到自组织的演变，其根本的出发点就是实现群体内部的有序化，从而能够在不确定的外部环境中可持续发展。随着群体组织化程度的加深，群体内部必然会发生成员间的合作与共享等行为。故此，本书的第四项研究内容则是探讨城市旅游非正规群体实现自组织后所获得的组织效益，如成员合作、知识共享、学习与创新等。这些源于自组织行为的好处，一方面能够阐述城市旅游非正规群体追求自组织的利益所在，另一方面也能更好地解析群体实现自组织的动力，为后续深入研究提供线索。

1.2.2 研究意义

（1）理论意义。

迄今，学界对于旅游非正规就业的研究实现了从概念特征、发生机制、社会影响向政府管理的过渡，强调后现代主义时期的人本主义关怀视角。本书则承接了当前学界对于旅游非正规就业的研究主线，关注旅游非正规群体的管理与引导，但更为强调政府管制之外的"管制"，即来自社会的压力与约束，从非正规就业者的视角，尝试用自组织理论解释旅游非正规群体的自我管治机制。因此，本书既能为旅游非正规群体的研究提供有益的补充，也能通过理论与实证相结合的方式验证自组织理论在中国文化背景下的适用度，丰富自组织的经验型研究。

（2）实践意义。

中国作为发展中国家，非正规就业群体庞大，其衍生的社会问题复杂而亟待解决。同时，在客流、资金流、信息流等密集的景区景点，这种由旅游非正规群体衍生的社会管理问题更为明显。然而，在管理资源和投入有限的情况下，政府部门对旅游非正规群体难以实现持续的治理，主要采取临时性的运动型治理。而在运动型治理缺乏常规管理补充的情况下，旅游非正规群体的自我管理行为至关重要。因此，对于旅游非正规群体的自组织行为研究，能够为政府管理非正规就业者提供新的思路，以实现更好的社会管理。

1.3 研究设计

1.3.1 案例地点选择

广州地处中国改革开放前沿，是国家中心城市。广州经济发达、历史悠久、景观优美，是著名的花园城市和旅游休闲城市。本书以广州塔景区周边从事旅游摄影的非正式经营者为例，研究城市旅游非正规群体的形成过程及运行机制。改革开放以来，广州经济发展迅速，国民生产总值从1978年的43.09亿元上升至2020年的25 019.11亿元，城市化发展迅速，大量农村人口转化为城市居民。然而，在此过程中，部分农村剩余劳动力未能进入城市正规部门，转而进入了城市的非正规部门，成为非正规就业群体。国际劳工组织 2018 年发布的数据显示，排除农业生产活动，全球有大约 50.5% 的人们从事着非正规工作[26]。在任何国家、任何城市，非正规就业都是不可避免的。非正规就业群体受到了中国学界的广泛关注。针对城市非正规就业群体，广州采取"政府运动型治理"模式。1991—2018年，随着广州非正规就业群体的不断扩大，政府运动型治理的强度也不断加强；同时，针对特定年份的重大节事活动，政府相应地强化运动型治理力度，见表 1 – 1。

表 1 – 1   1991—2018 年广州市集中整治乱摆卖及大事件背景

年份	集中整治乱摆卖/万件	大事件背景	年份	集中整治乱摆卖/万件	大事件背景
1991	31. 32	世界女子足球锦标赛	2000	56. 00	
1992	无数据		2001	47. 00	第九届全国运动会
1993	无数据		2002	40. 00	
1994	13. 30		2003	无数据	
1995	18. 00		2004	34. 00	
1996	无数据		2005	32. 80	
1997	14. 50		2006	41. 00	
1998	6. 79		2007	53. 90	迎接国家"创卫"检查组，迎亚运环境改善工程
1999	38. 00	国庆 50 周年	2008	39. 90	被评为"国家卫生城市"

（续上表）

年份	集中整治乱摆卖/万件	大事件背景	年份	集中整治乱摆卖/万件	大事件背景
2009	34.00		2014	129.40	广州正式通过首次"国家卫生城市"复审
2010	44.30	第十六届亚洲运动会	2015	57.20	
2011	64.70		2016	91.00	制定"2016年创建文明城市重点督查项目"
2012	56.90		2017	无数据	
2013	70.40		2018	无数据	

数据来源：1991—2018年的《广州年鉴》。

　　2010年，代表着年轻、活力、时尚的广州塔景区对外开放运营。广州塔距离珠江南岸125米，处于城市中轴线，与珠江新城、花城广场、海心沙岛隔江相望。这里景点密集分布，是广州城市旅游观光的重点区域。广州塔以"高景"和"夜景"著称。它独特的"小蛮腰"般的塔身及夜晚闪耀着的不同色彩的灯光，吸引了来自五湖四海的游客前来观赏，几乎成为所有游客到访广州拍照留念的热门景点。由于高塔、夜景拍照对取景角度、距离、光线等有一定要求，游客自带设备无法满足拍摄愿望，且不能及时拿到纸质相片，失去游览仪式感等。一些进城农民工、城市失业者迅速捕捉到广州塔带来的商机，购买单反相机为游客提供摄影和照片冲洗服务。他们在广州塔景区公共空间以游走、询问的方式招徕生意。他们没有固定的店面，没有工商经营许可证，也没有正式的经营组织，成为以旅游摄影服务为生的非正规就业者。2010年至今，这类群体从无到有，已发展至100人左右。如此规模的非正规就业群体在缺乏政府持续有效管理的情况下，并未出现严重的"失序"，其必然存在管理组织或机制发生着作用。故此，本书以广州塔景区为案例地，以其周边密集分布的旅游非正规群体为研究对象，以其关系网络发展为主要研究线索，来探究旅游非正规群体的自组织行为。

1.3.2 调研过程

本书的调研工作共分为四个阶段，分别是预调研阶段（2014 年 9 月 10—20 日）、正式调研阶段（2015 年 1 月 30 日—2 月 7 日）、补充调研阶段（2015 年 12 月 24—30 日），平均每次调研持续 7～10 天，以及跟踪调研阶段（2016 年 1 月 1 日—2021 年 5 月 15 日）。跟踪调研阶段是研究团队利用团队所在地与广州塔景区的地理邻近性，多次、持续开展的非参与观察和半结构访谈，目的是持续跟踪这一群体的发展变化。其中，前三个时间段为主要的调研阶段，见表 1－2。

本书的预调研阶段，主要通过问卷调查和半结构访谈的方式获得对广州塔周边的旅游非正规群体的总体把握，确立案例的可行性，并为正式调研方案提供经验基础。预调研阶段以旅游非正规群体为主要调研对象，收集了 30 多份问卷，并完成了 5 份深度访谈及 5 次调研记录。

正式调研阶段，以群体的自组织为研究主题，主要通过半结构访谈和非参与式观察等方式了解非正规旅游摄影从业者群体实现自组织的演化、规章制度及奖惩方式，以还原该群体的自组织全过程。正式调研阶段依然以非正规旅游摄影从业者群体为主要研究对象，完成了 18 人的访谈，并在不同时间、不同地点分别进行了 9 次调研。

表 1 - 2 主要的调研阶段

时间	调研方法	调研内容	调研对象	样本量
2014 年 9 月 10—20 日	问卷调查	非正规旅游摄影从业者群体的人口统计学资料、职业属性、职业满意度	非正规旅游摄影从业者群体	30
	开放式访谈	非正规旅游摄影从业者群体发展历程、进入壁垒、内部关系、城管管制等	非正规旅游摄影从业者群体	5
	非参与式观察	非正规旅游摄影从业者的规模、时空分布、群体活动及城管管制频率等	广州塔景区	5
2015 年 1 月 30 日—2 月 7 日	半结构式访谈	非正规旅游摄影从业者群体的发展历程、自组织机制（群体结构、关系网络、角色分工、行业规范、监督机制）、他组织机制（城管管制、景区管制）等	非正规旅游摄影从业者群体	18
	非参与式观察	非正规旅游摄影从业者群体的业态、规模、结构、时空分布、工作时长、成员关系及政府管制	广州塔景区	13
2015 年 12 月 24—30 日	半结构式访谈	非正规旅游摄影从业者群体的行业规范、与城管/景区的关系	非正规旅游摄影从业者群体	8
		非正规旅游摄影从业者群体的日常运营、内部关系、外部关系（与广州塔景区/官方摄影店员工的关系）等		

（续上表）

时间	调研方法	调研内容	调研对象	样本量
2015 年 12 月 24—30 日	半结构式访谈	非正规旅游摄影从业者群体的发展历程、日常运营、群体规模与结构、与景区的关系等	广州塔景区保安	2
	二手资料	广州塔的发展历程及周边流动摊贩的资料，广州市流动小贩的资料等	互联网资料	—

补充调研阶段，同样以自组织为研究主题，通过对不同群体（包括非正规旅游摄影从业者、景区官方摄影店员工、广州塔景区保安等）进行访谈，确保调研达到"信息饱和"，即进一步的数据收集和分析无法获得对某一类别或主题的进一步解释。同时，研究团队通过景区渠道和网络渠道对该群体的资料进行查询和归档，尽可能补充和完善非正规旅游摄影从业者的自组织资料，并形成三角验证。补充调研阶段完成了对 8 位非正规旅游摄影从业者、3 位景区官方摄影店员工、2 位广州塔景区保安的访谈，并收集了若干关于广州塔景区发展和其周边景区流动摊贩发展的资料。

1.3.3　调研伦理

本研究涵盖非参与式观察、半结构式访谈和问卷调查等多种研究方法，将会对旅游非正规群体的正常工作产生一定的影响，而对方应对这些影响的方式有可能妨碍调研的顺利开展。因此，需要提前规避在调研过程中对被调查对象可能造成的潜在影响，并在影响发生时迅速采取合理的应对措施，确保在伦理允许的前提下获得足够多的数据。具体的影响分为三种类型：冒昧的打扰使对方心怀戒备；冗长的调研问题耽误对方时间；保密工作疏忽使对方资料泄露。

第一，冒昧的打扰使对方心怀戒备。首次接触时，调研员与被调研对象彼此陌生，如果没有注意到被调研对象的实际情况而冒昧打扰，其戒备心将增强，访谈或问卷要求被拒绝的可能性极高。即使被调查对象接受调查，其真实性也得不到保证。因此，调研过程中如果被调查对象表示自己被打扰，调研员要诚恳表示歉意并试探继续调研的可能性。如果调研可以继续进行，那么在调研过程中则应多加引导，使其放下抗拒感和戒备心，保证回答的真实性。

第二，冗长的调研问题耽误对方时间。在调研的过程中往往会因为访谈问题或问卷篇幅过长而耽误被调查对象的时间，导致其情绪焦躁。在这种情况下，有些受访者会直接中断调研，有些则出于礼貌继续进行但无心提供深入性资料。这种影响在非正规旅游摄影从业者群体中特别容易发生：一是因为对方处于不断寻找新客户的状态，接受无法获益的访谈或问卷调查并不容易；二是因为对方受教育程度总体不高，对该类型的社会调查比较抵触和反感。那么，如果在调研过程中意识到问题冗长耽误对方时间，应该立即调整调研方式，选择关键问题提问，并尽量安抚对方焦躁的情绪，同时表示感谢和歉意。

第三，保密工作疏忽使对方资料泄露。为获得被调查对象的信任和支持，调研员在开始调查之前会向对方保证一切信息只供学术研究，不会泄露或用于其他商业用途。那么，一旦被调查对象的信息泄露，则应该立即采取补救措施，尽快通知受访者，表示歉意并承担后果。

研究团队认为，为了规避以上提及的潜在影响，保证调研工作的顺利进行，相关准备工作和预防手段是非常有必要的。首先，察言观色和预约。在提出访谈或问卷调查的要求之前，要先察言观色。如果对方在忙，最好不要冒昧打扰，尽量等待或寻找下一位调查对象。其次，访谈和问卷设计简洁周全。在进行访谈之前要做好周全的准备工作。简洁周全的访谈提纲既可以得到研究所需的大量信息，也可以使调研人员在进行访谈时避免重复提问和遗漏重点。此外，调查问卷要尽量控制篇幅但突出重点。最后，设置密码和处置记录。在调研过程中，要做到严密保护调研信息，包括已填写的调查问卷、纸质访谈记录、受访者提供的资料和录音资料，确保其不外泄，再将其全部转换成电子记录并加密，降低泄漏风险。

1.3.4　数据收集

由于城市旅游非正规群体规模小，流动性大，防备心重，传统问卷调查和统计的定量研究方法都难以真正揭示其内在结构和运行机制。本书采取社会学研究普遍采用的质性研究方法，认为"如果要了解和理解个人和社会组织，必须把他们放置到丰富、复杂、流动的自然情境中进行考察，研究者必须与研究对象有直接的接触"[27]。因此，研究团队通过持续多次地进入案例地进行调查，将深度访谈作为主要论据，将观察记录和二手资料作为验证性论据，多渠道获取资料形成三角互证。另外，本书将尽量保留完整、鲜活和动态过程的案例故事，从而更为准确、全面地解释城市旅游非正规群体自组织的形成过程和运行机制。

（1）非参与式观察。

观察法是本书所采取的一个重要方法。观察可以作为科学研究的手段。观察法分为参与式观察和非参与式观察。参与式观察强调的是观察者与被观察者一起生活、工作，在密切的相互接触和直接体验中倾听和观察他们的言行，如怀特研究街角青年的过程[27]。非参与式观察是指观察者置身于被观察活动或团体之外，以局外人的身份对研究对象的活动和表现进行的观察，又称为"局外观察"。由于研究者的身份和背景与受访者有较大的差异，研究者也无法在短时间内完全参与到旅游非正规群体的非正规工作中去。因此，本书主要采取非参与式观察。这种方法的优点在于可以对研究对象进行比较客观的观察，操作起来也相对容易。

虽然观察法不是本书最核心的方法，但是通过观察可以发现一些在访谈和问卷中无法得知的信息。在进入场地的时候，研究者并不急于选择受访者进行访谈，而是在调研地点先观察两三天，这样的好处在于对整个活动的过程能有所了解。调研的过程中，研究者编制观察记录表（见附录A），记录非正规就业者群体的业态、规模、结构、空间分布、工作时间、成员关系及政府管制，并拍照记录。调研以旁观者的视角观察，根据景区游客规律选择合适的时段，对旅游非正规群体聚集地进行观察，每个观察点每次观察时长约为30分钟，并多次进行观察。

（2）半结构式访谈。

半结构式访谈属于深度访谈，是本书采取的最重要的数据收集方法。访谈法能够保证对丰富的社会现象的敏感性，并且能够做到以人为本。在这个访谈的过程中，研究者和被访者其实都是在共同探索和创造，而最理想的状态就是研究者和被访者能够紧密地跟随对方的话题而得到"亲密的互惠"。因此，在本书中，研究者采用了相对开放的半结构式访谈。相较于结构式访谈的先入为主、访谈结果严重受制于问题预设等弊端，以及无结构式访谈对于访问结果的量化处理等方面难度较大、把握不易等弊端，半结构式访谈力图结合两者的优点，在确定访谈主题的前提下将访谈问题设置为半开放状态，能够根据访谈对象适时调整，而在访谈数据上用访谈目标与访谈提纲进行宏观把握。在访谈之前，根据研究问题与研究目的，设计出访谈提纲，确定访谈的整体方向。当然，在实际访谈中，研究者不完全按照访谈提纲逐一询问，针对被访者不同的回答，提问方式都会作出相应调整。这样既能维持访谈内容的一致性，又不失访谈的弹性。本书的访谈对象以非正规旅游摄影从业者群体为主，并辅以广州塔景区官方摄影店员工和保安的访谈。

针对旅游非正规群体的半结构式访谈主要涉及三个部分：第一部分是口述史调查，围绕着非正规旅游摄影从业者群体的发展过程及相应的关键事件进行访问，以还原其网络演变的具体过程。纽曼指出，口述史调查对于收集非精英或教育程度较低者的资料是非常有价值的[28]，故此非常适用于本书的研究对象。第二部分是关于自组织机制的调查，包括群体结构、角色分工、信任机制、声誉机制、互惠规范、监督机制等，强调旅游非正规群体的日常运作。第三部分是关于"他治理"的访谈，尝试探讨其他社会力量对于旅游非正规群体的干预，如城管部门、景区管理部门等。具体访谈提纲见附录 B。

本书调研采取第三者视角进入，首先通过"光顾"非正规群体生意的形式与一位非正规旅游摄影从业者交流并获得其信任，然后请求其推荐下一位受访者，以此类推，通过"滚雪球"的方式进行调研，直至达到信息饱和。访谈的过程中，共与26名非正规旅游摄影从业者进行面对面的半结构式访谈，包括2名"领导"人物"胖子"和"王哥"，以及24名非正规旅游摄影从业者。另外，本次调研还访谈了3名广州塔景区官方摄影店员工及2名广州塔景区保安，合计访谈31人次，访谈时长30~90分钟，具体见表1-3。访谈结束后，笔者在24小时内完成访谈细节的记录，包括所有访谈的数据，并根据整体印象归纳每次访谈的记录。

表1-3　广州塔景区调研访谈一览表

编号	性别	年龄/岁	职业类型	从业时间	类型	身份地位
M01	男	26~35	非正规旅游摄影从业者	2年	全职	
M02	男	46~60	非正规旅游摄影从业者	2年	兼职	
M03	男	25~35	非正规旅游摄影从业者	5年	全职	首批进入者
M04	女	16~25	非正规旅游摄影从业者	1年	全职	
M05	女	36~45	非正规旅游摄影从业者	3年	全职	
M06	男	36~45	非正规旅游摄影从业者	5年	全职	首批进入者
M07	男	16~25	非正规旅游摄影从业者	2年	兼职	
M08	女	26~35	非正规旅游摄影从业者	4年	全职	
M09	男	16~25	非正规旅游摄影从业者	5年	全职	群体"领导"
M10	女	46~60	非正规旅游摄影从业者	5年	全职	首批进入者
M11	男	36~45	非正规旅游摄影从业者	3年	全职	
M12	男	36~45	非正规旅游摄影从业者	5年	全职	首批进入者
M13	女	16~25	非正规旅游摄影从业者	2年	兼职	
M14	男	36~45	非正规旅游摄影从业者	5年	全职	群体"领导"
M15	男	26~35	非正规旅游摄影从业者	5年	兼职	首批进入者
M16	女	36~45	非正规旅游摄影从业者	半年	全职	
M17	男	26~35	非正规旅游摄影从业者	5年	兼职	首批进入者
M18	女	36~45	非正规旅游摄影从业者	5年	全职	首批进入者
M19	女	36~45	非正规旅游摄影从业者	3年	全职	
M20	男	46~60	非正规旅游摄影从业者	5年	全职	首批进入者
M21	男	16~25	非正规旅游摄影从业者	1年	全职	
M22	女	26~35	非正规旅游摄影从业者	4年	全职	
M23	女	16~25	非正规旅游摄影从业者	半年	兼职	

（续上表）

编号	性别	年龄/岁	职业类型	从业时间	类型	身份地位
M24	男	26～35	非正规旅游摄影从业者	1年	兼职	
M25	女	36～45	非正规旅游摄影从业者	5年	全职	首批进入者
M26	男	26～35	非正规旅游摄影从业者	3年	全职	
M27	女	26～35	官方摄影店员工	半年	全职	主管
M28	男	16～25	官方摄影店员工	半年	全职	
M29	男	16～25	官方摄影店员工	半年	兼职	
M30	男	26～35	保安	4年	全职	
M31	男	26～35	保安	1年	全职	

资料来源：根据调研整理。

（3）问卷调查。

问卷调查是本书的辅助研究方法。问卷调查的目的在于通过量化的手段获取非正规旅游摄影从业者群体的工作状况的一手资料，为本书的质性研究提供佐证。本次问卷主要包括两个部分，即工作属性调查和人口统计学调查，见附录 C。

问卷的第一部分是针对非正规旅游摄影从业者的工作属性的调查，包括职业类型、就业动机、就业时间、就业性质、就业方式、资本投入、获利空间、劳动强度、受管制程度、职业发展意向等 10 个问题，目的在于详细了解旅游非正规群体的工作现状。在该部分中，题项的设定参照前人的研究经验和前期观察获得的实践资料，具备可操作性和可靠性。问卷的第二部分是人口统计学资料调查，包括性别、户籍、年龄、受教育程度、家庭结构、居住地，目的在于了解非正规旅游摄影从业者的基本情况。

1.3.5　数据处理

（1）NVivo 内容分析法。

自组织是一种自下而上的管理手段，其治理机制和监督机制大多通过口头或约定俗成的方式传播和执行，并不成文，却极具约束力。因此，由于缺乏自治理机制的文本，本书无法直接开展文本分析，而是根据深度访谈内容对关键事件的捕捉，并通过观察资料对日常运作的分析，来解析自我管理的基本要义及其运行机制。本书将借助 NVivo11.0 对访谈内容和观察内容进行分析，按照开放性编码、主轴编码和关键性编码的顺序进行。编码的过程中，首先将词语、句子、段落标记为节点，然后对节点进行编码，最后根据编码总结出旅游非正规群体自组织过程的治理机制。

一是开放性编码。开放性编码是通过对数据进行检视、分解、比较、概念化，最终提取范畴概念的过程。在这个过程中，研究者必须通过不断的分析比较来发现能够精确表达数据含义的概念。在具体的实践中，将搜集到的文本资料打散，从中找到一个个独立的事件，将每个现象或者时间概念化，并为这些概念命名；然后，再把相似的概念归为范畴，并进一步挖掘范畴的性质和性质的维度，以确保从概念到范畴的提炼操作尽量科学贴切；随后，还要继续比较异同，进一步收集信息，然后将新数据与原始数据进一步比较，提炼主要范畴。在 NVivo11.0 中，概念化的过程即为自由节点或是树状节点建立的过程。

通过对所有获得资料的初步整理，本书最终获得 250 多条原始资料语句及相对应的概念。由于初始概念数量较多且彼此存在一定的交叉，需要将初始概念进一步概括和提炼，并最终实现概念化和范畴化。因此，本书首先对这 250 多条数据进行合并和初步概括，例如，"并不能说排挤，就是没有人理你，相机、相纸、相册、打印机等各种大大小小的事情，都没有人告诉你，你得自己慢慢去摸索，所以一个人进来会很困难的"和"客就那么多，整个广场也就这么大，你一个毫无关系的人来，实际上就是来跟我抢生意，就算我有多大的能力，有多自信，还是不想看到这种现象发生，所以我凭什么要帮你呢"合并为同一个意义单元，并赋予"不予生人帮助"的命名。通过对开放性编码内容反复多次的整理，最后得到 40 个概念，16 个初始范畴，具体如表 1–4 所示：

表 1-4　开放性编码

访谈资料举例	概念	初始范畴
"基本上每个人带新人来的时候，大家都会问这个人是谁，然后你就跟他说这个是我亲戚，那别人就不会特别对待你了，也不会抢你的客人。"—M04	a1 亲人介绍进入	A1 熟人引荐一步到位
"有老乡介绍才能进，不是说谁都能进的。"—M20	a2 老乡介绍进入	
"最好找朋友带，熟了好说话。"—M07	a3 普通朋友介绍进入	
"一般你是熟人介绍来的，都是可以的。"—M10	a4 其他熟人介绍进入	
"有个 20 岁出头的年轻人拿着相机就来，然后其他人看到就跟他说，让他走。"—M23	a5 口头警告陌生人	A2 生人闯入到处碰壁
"并不能说排挤，就是没有人理你，相机、相纸、相册、打印机等各种大大小小的事情，都没有人告诉你，你得自己慢慢去摸索，所以一个人进来会很困难的。"—M07	a6 不予生人帮助	
"因为这个林子本身就这么大，游客就这么点人，如果拍照的人慢慢发展到很多人，搞到竞争很大，有的人吃不上饭，那他肯定会想把对方的客人抢过来，你说是不是呀？"—M09	a7 争抢生人顾客	A2 生人闯入到处碰壁
"你要是生人的话，肯定不让你在这干啦，因为我们都在这，你再过来的话，就太多人了。"—M20	a8 排斥生人进入	
"中青年男性大多占据了西广场中心的好位置。"—观察 001	a9 老成员占最优摄影点	A3 经营选址按年资分配
"而中年妇女大多游走于广场外通道以及广州塔入口处，位置并不固定，可随意流动游走，但每个位置的人数分配相对固定。"—观察 001	a10 普通成员到处游走	

（续上表）

访谈资料举例	概念	初始范畴
"对，我们说你（生人）去江边，这里你就不要过来，后来他（生人）就去了江边。"—M09	a11 生人驻守边缘地带	
"有几个人比较活跃，大家都喜欢请教他们，大家都喜欢跟他们聊天。我们景区或者城管一般有通知，也是先跟那几个人说。"—M30	a12 有能力者充当群体头目	A4 人员分工跟能力相称
"有两个老人一直在那（远处大厦楼底）帮他们看着打印机。"—M28	a13 弱势群体发挥辅助作用	
"你肯定要有你自己的技术，你自己要有能力。这里的人全都要凭自己的能力吃饭的。"—M14	a14 肯定同行的技术	A5 树立群体内部认同
"我们自己开拓的土地，都守在这里这么长时间，这些都是讲优先权的。"—M10	a15 营造群体自豪感	
"有时候我自己做不了这单，但是一看，还挺好的，就会叫别人去拉。"—M09	a16 相互推荐客源	A6 维护和平经营秩序
"竞争还是有的，但都是公平竞争、良性竞争，不会说好像是掺杂了黑社会成分之类的，不是那样子的。"—M10	a17 避免恶性竞争	
"全都认识的。一起工作了好几年，大家都和平相处的嘛。"—M10	a18 同行友好相处	
"我看着你怎么做，我就怎么做；你看看我这么做，觉得好也就跟着做，就可以了嘛。"—M09	a19 相互传授经营技巧	A7 分享技能与技术
"我妈妈给我的相机都已经调好了，我只要对一下焦距什么的就可以了；实在不会，可以问问我妈或者那边的哥哥，他们都很愿意教我们。"—M23	a20 相互教授摄影技术	
"相机型号是一样的，我说好了这个型号，就让他（新来的人）去买一样的或差不多的。"—M20	a21 相互推荐经营设备	

（续上表）

访谈资料举例	概念	初始范畴
"从一开始就是这个价钱，十块钱一张，一直没有变过。"—M06	a22 保持一致的价格	A8 统一产品价格水平
"这个降价，就是别人都不说出来的。打个比方，本来是十块钱一张，但是我给你五块钱一张，我就会把你带到旁边。你不说，我不说，别人不知道的，大家也是默许的。"—M09	a23 默许合理的降价	
"打个比方，现在领导要来，他（城管）就通知我们，现在不要干了，然后我们就得撤了。"—M20	a24 听从城管安排	A9 与城管达成合作
"不能说和平相处，我们跟他们就是两道平行线，我们走我们的，他们走他们的，我们只要求他们不要驱赶我们就可以了。"—M14	a25 委婉要求城管不管制	
"不打架，不吵架，这是最基本的，我们也不会乱扔垃圾破坏环境。"—M14	a26 维护景区良好秩序	A10 与景区达成合作
"虽然不是附属关系，但是我们是在广州塔的眼皮底下谋生的，那么人家有一些不过分的要求，你还是要遵循的。"—M14	a27 听从景区合理安排	
"刚开始各有各的想法，各有各的利益点，所以会有一些矛盾。但是相处了一段时间下来，也发现其实还是可以和平共处的。"—M14	a28 与官方摄影店保持表面友好	
"（打印机）不会（被偷走）的，这里有士多的老板看着。我们经常光顾他们，那些老板人都很好的，都会帮我们看着的。"—M10	a29 与餐馆店主相互帮助	A11 与周边商铺互利
"游客的鉴别能力和其他方面都很强，你用差的东西，人家一看就会知道了。所以现在我们都用最好的来招待客人了。"—M14	a30 尽量满足游客需求	A12 贴心服务游客

（续上表）

访谈资料举例	概念	初始范畴
"我们的拉客方式都很随意，问一句之后，如果有意思就继续聊，没意思的话也不会死缠烂打，不强求。"—M01	a31 不强制游客消费	A12 贴心服务游客
"我们是不会欺骗游客的。"—M20	a32 诚信经营	
"有30%的人到他那台子上拍过了，他选择不要，反而要到我们这边来拍。因为我们这个跟他们拍的是不一样的。"—M09	a33 一致不认可官方摄影店	A13 冲突面前齐心协力
"那时候我们所有人一起写信给政府，要求他们允许我们在这拍照。"—M02	a34 一致要求政府许可	
"他们就围着我们的摄影台骂，还有肢体碰撞，最严重的时候我们叫来了特警保护大家的安全；平时呢，他们就围着我们的摄影台拉客，让摄影台的员工没生意。"—M28	a35 全体反抗景区驱赶	
"你做你的生意，他做他的生意呀，我们各干各的。"—M06	a36 彼此独立经营	A14 工作收入多劳多得
"可我们的竞争都是很守规矩的，谁有能力就谁挣钱，这个是讲求能力的。"—M07	a37 允许收入差距	
"这个（非正规旅游摄影）自由一点嘛，想干了，我今天就来；不想干了就不来了。"—M20	a38 工作时间不局限	A15 劳动强度弹性
"自由自在，不受约束。干这个（非正规旅游摄影）干久了，不想进厂受人家管制了。"—M20	a39 工作强度自主把握	
"算是兼职吧。因为我的主业的话假期比较长，所以假期长的时候我就过来拍一下照，算是一种经济上的补充吧。"—M14	a40 允许全职或者兼职	A16 就业形式自定

二是主轴编码。主轴编码是指通过运用"因果条件→现象→脉络→中介条件→行动/互动策略→结果"这一典范模式，将开放性编码中得出的各项范畴联结在一起的过程。如果说经过第一步开放性编码所得到的范畴之间的关系还很模糊，范围也比较广泛，那么在这一阶段研究者可以根据所分析的现象将各个范畴联系在一起，对所有的概念进行新一轮的整合。在 NVivo 11.0 中，主轴编码的过程表现为树状节点的建立。具体的操作过程就是对开放性编码所得到的自由节点进行不断的比较、修正、删减与合并，建立具有归纳意义的树状节点。

通过仔细梳理开放性编码所形成的范畴的内在关系和本质特征，综合采取多种方法，将开放性编码得到的自由节点"A1 熟人引荐一步到位""A2 生人闯入到处碰壁"2 个自由节点归纳到"B1 内外有别的进入机制"这一树状节点中；将"A3 经营选址按年资分配""A4 人员分工跟能力相称"2 个自由节点归纳到"B2 等差有序的成员管理"这一树状节点中；将"A5 树立群体内部认同""A6 维护和平经营秩序""A7 分享技能与技术""A8 统一产品价格水平"4 个自由节点归纳到"B3 互惠互利的内部合作"这一树状节点中；将"A9 与城管达成合作""A10 与景区达成合作""A11 与周边商铺互利""A12 贴心服务游客""A13 冲突面前齐心协力"5 个自由节点归纳到"B4 规避冲突的对外策略"这一树状节点中；将"A14 工作收入多劳多得""A15 劳动强度弹性""A16 就业形式自定"3 个自由节点归纳到"B5 自理盈亏的经营方式"这一树状节点中，具体见表 1-5。

表 1-5　主轴编码

主轴编码范畴	开放性编码范畴	参考点数量
B1 内外有别的进入机制	A1 熟人引荐一步到位	28
	A2 生人闯入到处碰壁	26
	合计	54（21.1%）
B2 等差有序的成员管理	A3 经营选址按年资分配	5
	A4 人员分工跟能力相称	8
	合计	13（5.1%）

（续上表）

主轴编码范畴	开放性编码范畴	参考点数量
B3 互惠互利的内部合作	A5 树立群体内部认同	3
	A6 维护和平经营秩序	38
	A7 分享技能与技术	22
	A8 统一产品价格水平	12
	合计	75（29.3%）
B4 规避冲突的对外策略	A9 与城管达成合作	23
	A10 与景区达成合作	21
	A11 与周边商铺互利	6
	A12 贴心服务游客	13
	A13 冲突面前齐心协力	17
	合计	80（31.2%）
B5 自理盈亏的经营方式	A14 工作收入多劳多得	17
	A15 劳动强度弹性	12
	A16 就业形式自定	5
	合计	34（13.3%）

注：表中参考点数量是指在 NVivo 11.0 中统计的各个节点所对应的语句的数量。

　　三是选择性编码。选择性编码是选择核心范畴，把它系统地和其他范畴予以联系，验证其间的关系，并把概念化尚未发展完备的范畴补充完整的过程。在这一过程中要识别出能统领其他范畴的核心范畴，并用所有的资料及由此开发出来的范畴、关系说明现象，也就是开发故事线，继续开发范畴使其具有更加细微、完备的特征。通过对开放性编码所得到的 16 个范畴的继续考察，以及对主轴编码阶段所形成的 5 个主要范畴的深入分析，结合原始资料和笔记、备忘录的比较，发现可以用"非正式行规"这个核心范畴来分析其他所有的范畴。

　　四是信度效度分析。质性研究的信效度主要体现在三个方面：一是内部效度，即原始资料的真实程度；二是转换性，即对原始资料的转换程度，例如将录音完整地转换成文字资料，则说明其转换性强；三是内部信度，如何取得可靠的资料，以及对资料的分析方法都可能对结果的可靠性产生影响。此外，使用多种来源的资料和数据有助于研究者全方位考虑问题，形成"三角验证"，使研究结果更加具有说服力。

为确保编码的有效性，笔者亲自参与了资料收集的全过程，从预调研、正式调研到补充调研，从问卷设计、访谈设计、访谈实施到文本资料收集，确保各个环节的真实性和科学性。在访谈过程中，笔者借助电子设备进行录音，严格按照受访者的原话对所得的音频资料进行转换，以避免研究者的主观意识对资料转换的客观性产生影响。在数据分析的过程中，笔者前后两次对资料进行独立编码，并根据两次编码的异同进行反复修改，最终形成一致的结果。

（2）UCINET 社会网络分析。

广州塔周边的非正规旅游摄影从业者的自组织过程实际上就是社会网络不断发展的纵向过程，具有重要的借鉴作用。然而，由于社会网络关系涉及非常隐私的问题，再加上旅游非正规群体与生俱来的"排外性"，本书难以通过完善的社会网调查问卷来还原广州塔周边的非正规旅游摄影从业者的网络演变。因此，本书将通过"线人"的方式收集资料，即研究者通过与多个线人进行长时间访谈，记录被研究对象之间的各种社会关系，构建关系矩阵并进行分析[29]。通过对"胖子""王哥"等多名首批进入者进行访谈，模拟出三个重要阶段分别为 30×30、50×50、100×100 的互动关系矩阵，并通过 UCINET 6.0 网络分析工具对互动关系矩阵进行数据处理，分析经过具体见表 1-6。

表 1-6　非正规旅游摄影从业者在不同阶段的互动关系

阶段	矩阵规模	互动关系
阶段 1	30×30	30 名同行（F1 至 F30），相互熟悉

（续上表）

阶段	矩阵规模	互动关系
阶段2	50×50	20名新成员加入（S1至S20），平均与10名老成员熟悉（4名固定、6名随机），与5名新成员相互熟悉（随机）
阶段3	100×100	50名新成员涌入（T1至T50），平均每人与15名老成员相互熟悉（4名固定、11名随机），与10名新成员相互熟悉（随机）

在模拟的过程中，本书把开拓期的30名首批进入者分别命名为F1至F30，把发展期的20名进入者分别命名为S1至S20，把自治期的50名进入者分别命名为T1至T50。其中，F1与"胖子"（M09）对应，F2与"王哥"（M14）对应，两人与F3、F4共4位首批进入者组成了非正规旅游摄影从业者的关键人物团体；而F5至F30、S1至S20、T1至T50等96人只区分了不同的进入阶段，并没有与受访者M1至M31形成一一对应的关系。而在分析的过程中，本书基于表1-6的网络分析特点进行整体网分析，选择网络规模、网络密度、点度中心度三个关键性指标作为社会网络分析研究视角，见表1-7。

表1-7 非正规旅游摄影从业者群体在不同阶段的社会网络特征

阶段1（网络规模：30；网络密度：1.000）			
人物	点度中心度	人物	点度中心度
F1	29.000	F2	29.000
F3	29.000	F4	29.000
F5	29.000	F6	29.000
F7	29.000	F8	29.000
F9	29.000	F10	29.000
F11	29.000	F12	29.000

（续上表）

阶段 1 （网络规模：30；网络密度：1.000）			
人物	点度中心度	人物	点度中心度
F13	29.000	F14	29.000
F15	29.000	F16	29.000
F17	29.000	F18	29.000
F19	29.000	F20	29.000
F21	29.000	F22	29.000
F23	29.000	F24	29.000
F25	29.000	F26	29.000
F27	29.000	F28	29.000
F29	29.000·	F30	29.000
阶段 2 （网络规模：50；网络密度：1.000）			
人物	点度中心度	人物	点度中心度
F1	49.000	F2	49.000
F3	49.000	F4	49.000
F5	32.000	F6	32.000
F7	34.000	F8	34.000
F9	34.000	F10	34.000
F11	34.000	F12	34.000
F13	34.000	F14	34.000
F15	34.000	F16	34.000
F17	34.000	F18	34.000
F19	34.000	F20	34.000
F21	34.000	F22	34.000
F23	34.000	F24	34.000
F25	34.000	F26	34.000
F27	34.000	F28	34.000

（续上表）

阶段 2（网络规模：50；网络密度：1.000）			
人物	点度中心度	人物	点度中心度
F29	31.000	F30	31.000
S1	15.000	S2	15.000
S3	15.000	S4	15.000
S5	15.000	S6	15.000
S7	15.000	S8	15.000
S9	15.000	S10	15.000
S11	15.000	S12	15.000
S13	15.000	S14	15.000
S15	15.000	S16	15.000
S17	15.000	S18	15.000
S19	15.000	S20	15.000
阶段 3（网络规模：100；网络密度：1.000）			
人物	点度中心度	人物	点度中心度
F1	99.000	F2	99.000
F3	99.000	F4	99.000
F5	35.000	F6	35.000
F7	42.000	F8	42.000
F9	47.000	F10	47.000
F11	49.000	F12	49.000
F13	49.000	F14	49.000
F15	49.000	F16	49.000
F17	49.000	F18	49.000
F19	49.000	F20	49.000
F21	49.000	F22	49.000
F23	49.000	F24	49.000

（续上表）

<table>
<tr><td colspan="4">阶段 3（网络规模：100；网络密度：1.000）</td></tr>
<tr><td>人物</td><td>点度中心度</td><td>人物</td><td>点度中心度</td></tr>
<tr><td>F25</td><td>46.000</td><td>F26</td><td>46.000</td></tr>
<tr><td>F27</td><td>41.000</td><td>F28</td><td>41.000</td></tr>
<tr><td>F29</td><td>33.000</td><td>F30</td><td>33.000</td></tr>
<tr><td>S1</td><td>24.000</td><td>S2</td><td>24.000</td></tr>
<tr><td>S3</td><td>24.000</td><td>S4</td><td>24.000</td></tr>
<tr><td>S5</td><td>24.000</td><td>S6</td><td>32.000</td></tr>
<tr><td>S7</td><td>32.000</td><td>S8</td><td>32.000</td></tr>
<tr><td>S9</td><td>32.000</td><td>S10</td><td>32.000</td></tr>
<tr><td>S11</td><td>31.000</td><td>S12</td><td>31.000</td></tr>
<tr><td>S13</td><td>31.000</td><td>S14</td><td>31.000</td></tr>
<tr><td>S15</td><td>31.000</td><td>S16</td><td>23.000</td></tr>
<tr><td>S17</td><td>23.000</td><td>S18</td><td>23.000</td></tr>
<tr><td>S19</td><td>23.000</td><td>S20</td><td>23.000</td></tr>
<tr><td>T1</td><td>25.000</td><td>T2</td><td>25.000</td></tr>
<tr><td>T3</td><td>25.000</td><td>T4</td><td>25.000</td></tr>
<tr><td>T5</td><td>25.000</td><td>T6</td><td>25.000</td></tr>
<tr><td>T7</td><td>25.000</td><td>T8</td><td>25.000</td></tr>
<tr><td>T9</td><td>25.000</td><td>T10</td><td>25.000</td></tr>
<tr><td>T11</td><td>25.000</td><td>T12</td><td>25.000</td></tr>
<tr><td>T13</td><td>25.000</td><td>T14</td><td>25.000</td></tr>
<tr><td>T15</td><td>25.000</td><td>T16</td><td>25.000</td></tr>
<tr><td>T17</td><td>25.000</td><td>T18</td><td>25.000</td></tr>
<tr><td>T19</td><td>25.000</td><td>T20</td><td>25.000</td></tr>
<tr><td>T21</td><td>25.000</td><td>T22</td><td>25.000</td></tr>
<tr><td>T23</td><td>25.000</td><td>T24</td><td>25.000</td></tr>
</table>

（续上表）

阶段 3（网络规模：100；网络密度：1.000）			
人物	点度中心度	人物	点度中心度
T25	25.000	T26	25.000
T27	25.000	T28	25.000
T29	25.000	T30	25.000
T31	25.000	T32	25.000
T33	25.000	T34	25.000
T35	25.000	T36	25.000
T37	25.000	T38	25.000
T39	25.000	T40	25.000
T41	25.000	T42	25.000
T43	25.000	T44	25.000
T45	25.000	T46	25.000
T47	25.000	T48	25.000
T49	25.000	T50	25.000

本次社会网络分析以 UCINET 6.0 为主要工具，并以 Excel 为辅助工具。①群体规模：截至目前，广州塔周边非正规旅游摄影从业者的规模为 100 人左右，弹性范围为 50 人，即淡季时群体人数可减少至 50 人左右，一般发生在每年 3、4 月广州的雨季；而旺季的人数则可高达 150 人甚至更多，一般发生在每年的春季、劳动节、国庆节、圣诞节等。②网络密度：该群体由始至终都是一个熟人社会，因而网络密度较大，保持为 1.000，属于密集型社会网络结构。③网络中心性：从阶段 2 开始，F1、F2、F3、F4 号成员具有较高的点度中心度，是典型的"意见领袖"或者"关键人物"，这在阶段 3 体现得尤为明显。

1.3.6 技术路线

本研究按照相应的技术路线（见图 1 - 1），通过对群体自组织的整体

历程、保障支撑与合作共享展开分析，力求在非正规群体生长演化过程中
更好地解读其内部组织特征，形成对现有理论研究的呼应与补充。

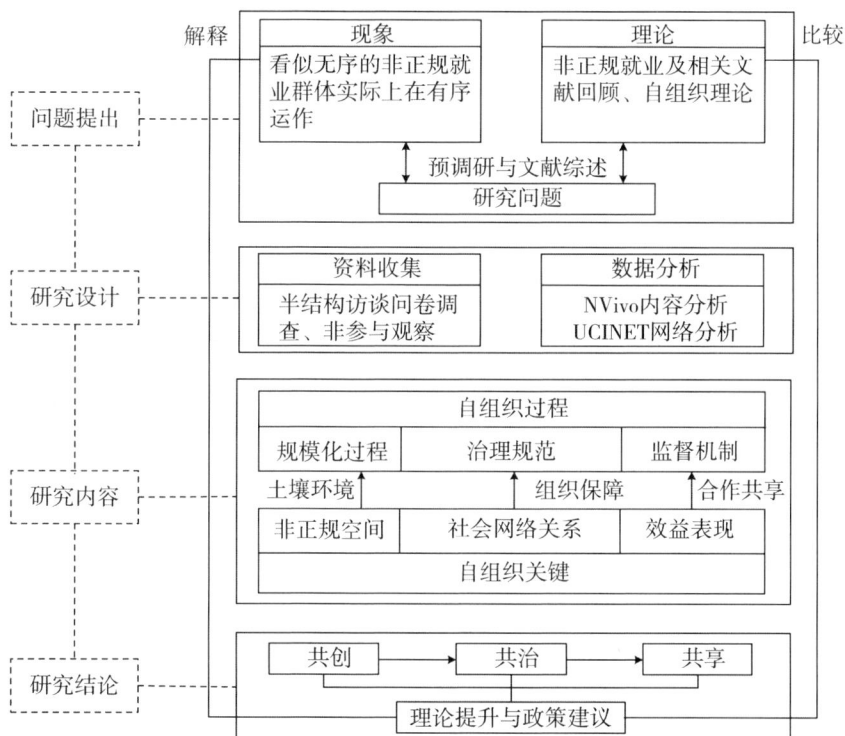

解释

比较

问题提出	现象 看似无序的非正规就业群体实际上在有序运作	理论 非正规就业及相关文献回顾、自组织理论

预调研与文献综述

研究问题

研究设计	资料收集 半结构访谈问卷调查、非参与观察	数据分析 NVivo内容分析 UCINET网络分析

自组织过程

研究内容	规模化过程	治理规范	监督机制
	土壤环境	组织保障	合作共享
	非正规空间	社会网络关系	效益表现

自组织关键

研究结论	共创 → 共治 → 共享

理论提升与政策建议

图 1-1　技术路线

2 基础理论与文献回顾

2.1 自组织理论

2.1.1 自组织的概念提出

自组织的概念源于 20 世纪 60 年代末物理学领域发展起来的系统理论，包含了耗散结构理论、协同学理论、超循环理论以及后来的突变论、混沌学等。随后，自组织理论不断被推广到社会学、管理学、经济学等学科领域，指建立在自发性、自由性和自愿性基础上的私人社团组织[30]。20 世纪 80 年代，自组织理论开始被广泛用于解决以"公地悲剧"为核心问题的公共资源困境[31]。自此，学者们开始研究不同行业的自组织，如化工行业[32]、公司网络化治理[33]、酒店娱乐行业[34]、农村乡贤文化构建[35]等。研究者同时认为，对于共享森林、渔场、地方文化等公共资源的人们来说，个体往往倾向于过度使用公共资源，而自组织则能帮助避免这种过度行为而造成的"公地悲剧"，从而实现公共利益最大化，因而被称为最自然的人类关系协调机制[36,37]。典型案例如新西兰北岛怀托摩洞穴的目的地网络发展[38]，广西龙脊梯田平安寨村委从困境走向理性的过程演化[39]，汶川地震后重建的村民经济合作组织[40]，河北某家具城的行业协会管理模式[41]，以及华北地区农村文化自组织策略[35]。这些案例均体现了自组织作为治理机制的成功之道。故此，自组织在治理领域是非常理想的社会治理机制，特别是在一些政府政权无法覆盖的"真空地带"，更能显示其优势[42]。

与自组织相对的概念是他组织，两种组织模式的相同点是都可以使事物从无序走向有序[43]。不同点：他组织是指由一个权力主体指定一群人组织起来以完成既定的任务，这种组织方式需要借助外部力量；而自组织则由一群人基于自愿原则而主动地结合在一起，这种组织模式是自发的。通过文献梳理，并结合魏道江等的研究[44]，汇总得出他组织与自组织的主要区别，见表2-1。

表2-1　他组织与自组织的区别

区别	他组织	自组织
主序形成	外部他发作用	内部自发作用
系统特征	封闭系统	开放系统
役使程度	高	低
规范基础	契约关系	承诺关系

自组织在管理学中被称为"网络"。关于自组织作为层级机制与市场机制之外的治理机制的讨论，有学者认为，自组织只是弥补市场与层级治理机制各自缺陷而生成的一种过渡形态[45]。然而，Powell否定了这一观点，指出自组织是异于层级与市场的第三种治理机制，并具体指出这三种治理机制在规范的基础、沟通手段、冲突解决、弹性程度、承诺的给予、治理气氛、行动者优先权、混合使用的形式等方面的联系与区别[46]，详见表2-2。

表2-2　三种治理机制的联系与区别

机制	市场（Market）	层级（Hierarchy）	网络（Network）
规范的基础	契约、财产权	雇佣关系	互补关系
沟通手段	价格	工作流程	关系
冲突解决	讨价还价	行政命令、权威	互惠规范、名声关注
弹性程度	高	低	中
承诺的给予	低	中到高	中到高
治理气氛	明确和猜疑	正式、官僚	开放、相互利益

（续上表）

机制	市场（Market）	层级（Hierarchy）	网络（Network）
行动者优先权	独立	依赖	相互依赖
混合使用的形式	重复交易、订立如科层般的契约	有市场特性的利润中心制度	多重合作伙伴、正式规则

罗家德肯定了 Powell 的观点，并进一步阐述市场、层级、组织三种治理机制的逻辑特点，见表 2 - 3。

表 2 - 3 三种治理机制的逻辑特点比较

机制	市场（Market）	层级（Hierarchy）	自组织（Network）
规则	竞争	科层服从、命令系统	合作
成员身份	自由选择	集体化身份	自我选择的身份
逻辑	交易逻辑	权力逻辑	关系逻辑
成本	交易成本	管理成本	关系成本
权力	分散的权力	自上而下的权力	自下而上的权力

资料来源：根据文献［25］整理。

然而，自组织的形成往往需要经历一个过程。这个过程或长或短，完全决定于自组织行动者的性质。罗家德指出，每一个群体的自组织行为都必须经历以下五个步骤：一是人群聚拢，彼此之间连接增多，形成社会网络；二是产生小团体，群体内部成员关系越来越密切，但与组织外其他人员关系逐渐疏远；三是小团体内部产生认同，开始具备身份意识；四是小团体形成共同目标，并为之采取集体行动；五是小团体逐渐演化出集体规则和监督机制，以确保顺利达成共同目标。[25]因此，本书以罗家德提出的自组织框架作为研究框架，重点解决自组织的三大问题：第一，自组织的形成；第二，自组织的治理机制；第三，自组织的监督机制。

2.1.2　自组织的形成与衡量

自组织研究的第一步就是要解决一群人怎么聚在一起的问题。其中，第一个必要的因素是社会网络。社会网络实际上就是联结行动者的一系列社会联系或社会关系，它们相对稳定的模式构成了社会机构[48,49]。社会网络又称为"社会连带"，分为强连带和弱连带，其中以 Granovetter 的弱连带优势理论和 Krackhardt 的强连带优势理论贡献最为突出。Granovetter 对波士顿牛顿镇 300 名求职者的研究表明，超过 57% 的求职者通过网络了解工作信息从而获得职业地位。故此，Granovetter 指出弱连带在传递社会资源的过程中更为重要，原因是：强连带行动者之间往往具有相同的人口统计学背景、知识结构、职业特征、社会经验等，因此相互交往并不能进一步带来新资源和新信息，取而代之的是冗余信息；而弱连带往往产生于具有不同属性的社会背景，其分布具有广泛性，因而个体可以通过弱连带来了解不同于其社会经济属性的信息，而不会造成信息冗余[47]。随后，相关学者以财政帮助、移民决策、农业技术扩散、求职行为为主题的研究纷纷印证了 Granovetter 的结论[52-54]，指出社会关系就是获取社会资源的渠道，并强调了弱连带的重要性。而孙立新和余来文在解释 Krackhardt 的理论时指出，强连带对于维持社会网络内部结构和个体成员间的关系具有极为重要的价值[51]。在社会网络中，个体对于其他成员的忠诚度有着较高的要求，而强连带恰好能够满足这种忠诚要求，使网络成员之间的关系不断深化、相互依存、相互信任，从而形成信息流通和资源获取的重要保障[55]。而强连带所衍生的信任为网络成员进一步的信息交换和资源共享打下了坚实的基础，使获取信息和资源的数量、质量、效率不断提高，风险和成本从而下降[56]。故此，强连带的建立为网络成员构建了一种保障机制，使他们能够在这种保障机制之下以长期利益代替短视行为。

社会网络的测量重点是对行动者之间的关系以及网络的整体结构进行分析，包括对点、线、密度、中心度、中心势、小团体、位置、角色等具体维度进行研究。根据不同的研究目标和研究案例，学者们在网络关系测量上有不同的侧重点。Freeman 从网络的广泛度、居间度和密度进行测量[57]，也有学者从网络的闭合度，网络主体的间断程度，网络主体位置的中心性、关系特性、关系强度、关系种类、交流频率等维度测量网络特性[58]。随后，黎耀奇和谢礼珊在总结社会网络理论在管理学科的应用中提出，可把社会网络研究具体划分为五个领域，即个体网、二方组、三方组、小团体、整体网，并根据不同的研究内容采取相应的测量维度[59]。而方壮志则将以上关于网络关系的测量归纳为两大类：网络维度和关系维度[60]。其中网络维度以整体网为核心，测量网络规模、密度、组合等；而关系维度则以个体网为研究载体，包括社会关系的连接强度、多元性、持久性、互换性等。本书将旅游非正规群体的自组织行为作为目标，对整体网的网络结构进行剖析，因而选取整体网研究中的网络规模、网络密度、网络主体的中心性三个维度作为测量维度较为合适。

（1）网络规模。

整体网的规模指的是网络中包含的行动者的总数。整体网规模越大，其结构越复杂，分析难度越大。杜赞奇指出，社会世界是一个很小的世界，5人左右为亲密接触圈，12～15人为同情圈，50人左右的群落是经常一起生活、行动的人，150人左右的规模是遵从共同仪式的人[61]。故此，一个社会群体合适的规模大致是150人，也就是说，能有效地记忆、管理、组织的群体规模应该在150人左右。一旦超过这个数字，一个群体成员之间的互动就会迅速减少，无法有效地沟通或者协作，需要更多法律、政策、规则去维持群体内凝聚力的稳定。除了衡量整体网中行动者的总数外，也可以通过测量整体网中不同地位群体的总数来反映网络规模。整体网中不同地位群体的总数可以测量一个群体的社会资本拥有量，不同地位和身份的成员越多，群体内其他成员可能得到的信息和社会支持就越多。

（2）网络密度。

网络密度是一项重要变量，因为一个群体可以有紧密的关系，也可以有疏远的关系，紧密群体的社会行为完全不同于疏离群体。网络密度可以通过网络中行动者的平均连带数与整体连带数的比值来获得[62]。整体网的网络密度越大，表明网络成员之间的联系越紧密，其对网络中行动者的态度、行为产生的影响就越大。一般来说，关系紧密的群体合作行为越多，信息流通则较易，群体工作绩效也会较好；而关系疏远的群体则通常存在信息不通、情感支持少、工作满意度低、群体认同低等问题。然而，也有研究指出，网络密度是一把双刃剑，联系紧密的整体网不只为其中的个体提供各种社会资源，也可能成为限制其发展的重要力量。

（3）网络主体的中心性。

网络中心性指代一个行动者的结构位置，从而评价一个人在群体中的重要性、优越性、特权性，以及社会声望等[29]。中心性可分为三种形式：程度中心性、亲近中心性、中介中心性。其中，程度中心性是用来衡量谁在群体中成为最主要的中心人物，即拥有较高程度中心性的人，在群体中的地位也相对较高。这样的人在社会学意义上是最具有社会地位的人，在组织行为学上就是最有权力的人。而中介中心性则是衡量一个人作为媒介的能力。具有较高中介中心性的行动者，一般是在其他人的联系上占据重要位置的人，其他人的联络都需要通过他。因此，中介中心性能够凸显行动者在群体中的协调作用和中介作用。

另外，自组织的发生不只取决于以社会网络为基础的社会资本存量，还取决于在熟人群体中是否存在一个或者若干个民间领袖或精英[63]。由于社会地位、声望、荣耀、责任等因素的影响，这些领袖在组织中不只考虑纯粹的个人利益，也会承担起带头人、主持人的角色。这些精英或领袖生长于当地的"权力文化网络"中，往往能够有效地影响组织内其他成员的态度和行为，这种现象被称为"能人现象"。费孝通等人的研究指出，中国属于典型的熟人社会，血缘和地缘的高度结合加上姻亲关系，使得中国社会有着密集的社会关联、高度的信任和强烈的认同感。故此，与网络密度相比，个体在社会网的中心性对集体行动的影响更为明显[64]。故此，这种"能人现象"证实了费孝通的差序格局个人网理论，能人在自己的人脉网中开始动员，通过一个能人带动一群小能人，然后小能人又各自带动自己的人脉网，使一个团体在滚雪球般的过程中慢慢扩张，得以形成组织。

2.1.3　自组织的治理基础

自组织理论要解决的第二个问题是自组织运行的潜在机制是什么。

Ostrom指出，自组织治理缺乏公共权力介入所能形成的强制力，因而需要制度维持成员持续而公平的参与[36]。之后，Ingram 等人将制度划分如下：①公共的或私人的；②集权的或分权的[65]。一般而言，公共制度由国家运作，具有强制性；而私人制度则通过组织或者个人运作，具有自愿性和脆弱性。而集权的制度能够通过中心权威来设定规则、激励机制、制裁机制等；相反，分权机制往往缺少拥有权力的中心权威，因而只能依靠独立的行动者来执行制度。故此，行业的自组织行为往往是私人的、分权的。

很多学者认为，自组织机制的自愿性、不受中心权威的控制等特征往往使得该制度难以为继。然而，Ostrom 对于"公地悲剧"的研究阐明，行动者能够自发建立制度来解决水、渔场等公共资源的过度使用问题。当行动者能够协商、观察并强迫大家遵守共同规则时，自组织制度就能保护公共资源，而这种保护又会反过来固化自组织行动。Ostrom 的研究反驳了很多政策家的执念——"公地悲剧"的唯一解决办法就是依靠"他组织"的外部权威来强行集中管制。最后，Ostrom 总结道："世界各行各业的个体行动者都会为了获得交易的益处自愿组织起来，以提供对抗风险时的相互保护，并创造和实施一套规则。"而在这套规则背后，行动者之间的"信任""互惠"成了关键，从而帮助制定并执行规则，促进合作并进行监督。[66]

（1）信任机制。

信任是规避风险的重要因素，它能够为行动者提供应对各种不确定情况的安全环境。Ostrom 强调了信任关系对于自组织治理的重要性，即在自组织自定规则、自我管理的过程中，行动者是如何在特定的网络关系中逐步发展出相互依赖关系，进而认为对方可以依赖，愿意保持合作[66]。总的来说，信任关系可以划分为三种类型：互相为利的信任；以情感为基础的信任；以人情交换为基础的信任。互相为利的信任指代行动者基于工具性动机而尽量表现出值得信赖的行为，因为双方的行为总是可以信赖的，所以渐渐地对对方产生信任。以情感为基础的信任，大多来自由强连带而衍生的信任，情感的依赖使人们表达善意，从而降低了机会主义的可能性，增加相互信任。Granovetter 将这种信任称为"自有动机"[50]。换句话说，做出以情感为基础的信任的行为并非为了互相为利，而是为了关系本身，因此行动者可能因为"不好意思拒绝"的人情压力而执行计划和履行承诺。以人情交换为基础的信任，指的是长期的社会交换使交换双方不断积累信心，从而建立信任关系。人情交换更多是基于混合性关系而产生的行动，其衍生的信任一方面由于情感关系而具有很强的情感性，而另一方面则因为它具有工具性交换的特质而使双方都必须展现可信赖行为，礼尚往来，有欠有还。故此，从某种程度上来说，以人情交换为基础的信任既包含情感认同，也带有工具性约束，因而是工作场所中最为值得信任的关系[67]。

而信任的功能在于保证组织中的知识共享，从而提高社会网络的效率和业绩[68]。信任包含了正式的权责关系以及互动所带来的信赖，从而使网络中的成员具有更强的动机提供帮助且更可靠，例如知识源头，因而更愿意花更长的时间对知识进行说明、分享和交换[69]。在自组织群体中，信任包括人际信任和制度信任两种类型。人际信任是支持知识共享的前提，它被称为资源互惠的原则；而制度信任则是知识共享的必要条件，它在组织中体现为程序公正[70,71]。

（2）互惠机制。

互惠是指建立在给予、接受、回报这三重义务基础上的两个行动者之间的相互扶助关系，是一种不借助金钱的交换关系，人们常常将其称为"投桃报李"或者"礼尚往来"。互惠发生在血缘和伙伴关系结成的共同体之中，是一种个体化的经济交换形式，有利于增强共同体的纽带联系[70]。它大多表现为一种义务性"赠予"关系。这种赠予行为既有经济价值，又是相互关系的象征，所以"互惠性"不一定是"等价性"，交换对象可能只有象征价值。故此，互惠机制是指一种双方承担义务的制度，一方做出给予行为后，被给予的一方必须给予相应的回馈；同理，一方不正当的欺骗行为也会导致另一方与之断绝关系。互惠的形式可以分为三种：广泛互惠、平衡互惠、负性互惠[72]。广泛互惠体现的是一种利他主义精神，交换各方不会对给予报答的时间、报答的数量和质量提出要求，而只强调对各方利益的关注，是以建立长期的交换关系为目的的互惠。负性互惠则恰好相反，是一种高度自利行为，交换双方明确规定对方给予回报的时间并强调回报资源的等价性[73]。这样一种互惠的初衷是维护自己的利益并尽可能使自己的利益最大化，有时候为了达到这样的目的甚至会损害他人的利益。所以说，负性互惠在某种程度上并不是基于对方帮助，而是纯粹为了利益交换。而平衡互惠则介于广泛互惠和负性互惠之间，交换双方对交换资源的价值是否公平均表现出较高的敏感度，因而要求对方在短时间内偿还等价的资源，具有高平等性和即时性的特点。另外，互惠的内容也有多种类型，如征求咨询、交换资源和情感支持，不同的互惠内容适用于不同的关系类型。家人和家人之间一般以情感性关系为主，因而相互之间的交换一般都是情感支持的交换；只是彼此认识的人之间一般只是工具性关系，因而相互之间的交换一般都是资源交换；而熟人之间涵盖了情感性和工具性的混合关系，因而相互之间的交换也涵盖了资源交换、情感支持及征求咨询等。

2.1.4 自组织的监督机制

自组织理论的第三步研究是自我管理规范如何被有序实施。Ostrom 研究指出，一群人的自我治理行为必然依赖于规则的制定与监督，这种规则是自我制定的，而监督机制又是群体成员自我执行的[66]。自组织形成于个人社会资本的聚集，从而衍生了一种集体社会资本[74]，而这种集体社会资本在自组织的监督机制中发挥着非常重要的作用。群体自我治理的过程中总会存在违反共同规则的行为，此时就需要监督者，如第三方仲裁的评判。但在自组织群体中，仲裁者往往不是权力机构，而是仲裁双方都信任的第三方，而他一般也处于该自组织群体当中[75]。故此，在一个社会资本较高的自组织群体中，往往执行着一套强而有力的规范并形成十分严谨的监督，使群体内部成员的行为高度可预测，以落实自组织的共同规范，并使人不敢背叛，这种行为被日本学者山岸称为"保证"，而这样的一种关系则被称为"保证关系"。更有研究表明，一个自组织群体的社会资本越高，其自组织过程的监督力度则越强，群体成员之间的保证关系也越强[76]。另外，日本学者青木昌彦则通过多个案例的分析，将自组织引入社会资本中，揭示社会资本在自组织过程中发挥了重要作用，这体现为监督过程的两大机制，即负筛选激励机制和社会地位补偿机制[69]。

负筛选激励机制最早由学者 Klein 提出，他认为集体行动中成员的不合作行为会引起其他成员的注意和谴责，于是出于社会责任感，群体成员不得不采取合作态度，遵守集体规范[77]。这种基于社会责任感而实施的监督机制称为"负筛选激励"。这种负激励制度在封闭或者单一的集体表现得更为明显，这实际上与 Wagner 对于社会资本与监督力度相关关系的研究结果是一致的[76]。Klein 在其研究中以美国早期公路修建为研究案例，发现尽管无利可图，新建公路附近的农场主、企业家等居民都会积极认购相关股票，以此作为支付公路修建费用的方式。[77]从表面上来看，这无疑是一种高成本低收入的行为，其得以持续执行的原因在于，在负筛选激励的影响下，受限于舆论压力，人们不得不承担修建公路等相应的社会责任。而青木昌彦在对日本的某一村庄灌溉系统维护的研究中也发现了类似的机制。他指出，灌溉系统需要附近村民的共同维护，但由于灌溉系统属于公共资源，所以从技术上难以限制偷懒者或"搭便车者"的使用。于是当地村民制定了一种"村八分"的管理制度，规定每位村庄成员只成为"80%的村民"，也就是有 20% 的村民可能被剥夺村民的身份。那么，一旦有村庄成员偷懒而未尽义务，其他村庄成员就会将其从该村庄的社会网络和社会活动中除名，比如在其需要帮助的时候拒绝帮助，同时禁止其参加节庆、仪式等集体活动。这种社会驱逐对村庄成员造成了一种潜在的、不成文的但强而有力的威胁。由于认识到被其他社会成员剥夺身份等社会资本的严重负面效果，每位村庄成员都有充分的理由来遵守合作规范，同时愿意参与对犯规者的惩罚[69]。

同时，青木昌彦对日本渔民社会的调研则表明，集体社会资本既可以作为一种惩治违规的手段来发挥监督作用，也是一种有效的奖励和补偿机制[69]。拥有高生产效率的渔民往往会积极向其他成员分享关于捕鱼的技能和信息，甚至在渔民群体内部实施净收入的平均分配。渔民之所以做出这种高成本行为，是因为分享行为能够使他们在当地渔民群体中拥有较高的社会地位和社会尊重，实现了对个人社会资本的补偿。另外，罗家德等在对河北省某家具协会的案例研究中揭示了相同的观点，成熟的自组织过程中成员更趋向于分享经验，一方面能显示自己的能力，另一方面也能提高个人及其公司在协会中的声誉与地位，为未来的发展奠定基础[41]。

2.2　自组织的相关研究议题

自组织理论始于物理学研究，并不断扩散到社会学、经济学、管理学等学科领域。近年来，随着管理学界对自组织的不断关注，此类研究的重点开始从自组织现象、过程深入自组织的决定因素和后果。近年来，更多的研究开始聚焦于自组织与移民空间、企业网络、知识共享等行为的潜在关系，形成了相关的研究范畴。

2.2.1　自组织与移民空间

自组织是一种自下而上的演化机制。它在地理学中往往与在政府自上而下规划之外的、自发形成的移民空间相关联。自组织的人居空间重点解决三个问题：第一，自组织机制怎样产生[80]；第二，自组织如何塑造人居景观；第三，自组织如何对城市社会产生作用[81]。人居空间并非一成不变，而是处于主体能动性和外在约束力相互作用的动力机制之下，城市移民能够将自己的需求和属性注入人居环境中，构建并改变空间结构状态，形成持续和相互作用的过程。自组织的移民空间作为一个开放的系统，往往具有共生性、乡缘性和自适应性[16,82]。

首先，自组织的移民空间具有共生性。移民空间往往嵌入城市区域经济体系中，与外部环境不断进行物质、能量、信息和知识交换，偏好于在靠近就业场所附近形成聚落，呈现明显的产业依附性，如大学城附近的城中村、夜市等[83,84]。以广州大学城周边的贝岗村、南亭村为例，城中村自组织充分利用了原有空间特点并将其演绎为与城市不同的形态结构，并与其依附的空间有较强的关联，既通过道路"血管"重建开放系统，也通常以紧凑的街道构成重要界面，食、住、行、游、购、娱密切衔接，最大限度地方便了居住群体的生活需求。另外，夜市是城中村活跃的自组织空间，提供一种不同于城市门禁社会的新型人居结构。城中村的主干道往往充当夜市商业街的角色，"夜市"中的流动摊贩能够活跃夜晚的街道，提供繁荣的夜间经济，加深城市体验。同时，"夜市"能够通过吸引外来人流，将它的商业活动和周围地区融为一体。总的来说，无论是城中村，还是城中村中的"夜市"，都是一种新型的人居结构，一个空间可重构的实践场所。

其次，自组织的移民空间表现出明显的乡缘性。移民社区中，乡缘网络往往构成了相对稳定的人居空间[79]。聚居族群关系网络能够利用传统网络所隐藏的信任、互惠、声誉等要素来规范移民聚居空间的生活次序和商业道德，从而维系空间秩序。在熟人或者半熟人的移民社区中，如果做出不守信用的事情，其声誉和信任都将被摧毁，日后也将无法在同伴之间立足[16]。故此，移民社区与社会网络的复合化既有利于聚落空间的稳定演变，也有利于城市的社会网络建构。

最后，自组织的移民空间具有自适应性。例如居民在修筑自建房屋时，一旦掌握了主要决策权，并且自由地对住房设计、营造维护与管理等程序以及生活环境作出贡献时，能够塑造并激发个体和社会的潜能。也就是说，自组织主体在与环境及其他相关者依据一定的规则或者模式发生非线性作用的过程中，既能产生自组织、自学习、自适应等行为，又能基于其以往的经验来修正其反应规则，以寻求一种与环境相适应的生存发展策略[82]。广州市海珠区下渡村的案例显示，如果社区类型从外来务工人员社区转变为学生社区，那么社区环境也会根据市场原则改善，从而不断弥补市场供给的缺位，体现了自组织移民空间的适应能力和调节能力[85]。

2.2.2 自组织与企业网络

自组织在管理学中被称为"网络"[25]。Thorelli 在《网络：介于市场与层级之间》中将网络视为市场与层级之间的中间组织形式[86]。而 Powell 则否定这一说法，认为网络是市场与层级之外的第三种组织模式[46]。后续有学者认为网络是由两个或两个以上独立的企业通过正式或隐含契约所构成的相互依赖、共担风险、长期合作的组织模式和契约治理规制[87]。之后，学界出现一系列新术语来概括这一新的组织形式，如组织网络[88]、网络组织[89]、组织的网络形式[46]、网络治理[90]、战略网络[91]等。本书把这些术语统称为"企业网络"。

企业网络所强调的是，企业所具有的竞争优势与它所嵌入的关系网络是高度相关的，一个企业的关键性资源可以从企业的外部来获得[92]。以美国的典型制造业企业为例，它所创造的最终产品中有55%的价值是外购取得的，而且大部分中间投入品都有专门的供应商来负责提供。另外，Dyer对于生产率与交易伙伴资源共享意愿之间关系的实证研究表明，企业间长期的稳定性交易关系的确能够带来可观的关系租金和竞争优势[93]。刘东则指出，20世纪80年代以来，西方企业（尤其是跨国企业）迫于强大的市场竞争开始对企业竞争关系进行调整，从对立竞争纷纷走向合作竞争，也因此使战略联盟、供应链伙伴关系等企业网络形式成为诸多企业用来实现资源共享的核心战略[94]。另外，很多学者开始研究企业网络的构建动机，提出交易费用理论和资源理论。交易费用理论指出，当一个企业试图在关键市场创立自己的分销渠道、后勤网络、生产厂房时，总是存在巨大的成本和风险，而企业网络的构建有利于降低成本和风险。资源理论则认为企业网络的构建是为了探索和实现资源、机会的平等配置。Hinterhuber等总结出了网络成员加入或者建立一个网络时的动机：①进入国外市场；②降低风险；③形成规模效应和协同效应；④增加市场份额；⑤获得技术与专利；⑥获得信息；⑦降低内部竞争；⑧对竞争者构成威胁；⑨政府的影响。[95]

可见，网络关系可以成为企业竞争力的源泉。21世纪的企业组织格局已经演化成"小企业、大网络"，企业之间的竞争不再是单个企业的竞争，而是企业网络之间的竞争。即使是中小企业，只要它们以正确的方式进行网络组织的构建和运作，也可以在大企业占统治地位的产业中获取市场份额而赢得绝对的战略优势。总的来说，网络作为市场与层级之间的一种组织安排的概念，将其引入企业的组织与管理中，实现了自组织与企业网络的融合。

2.2.3　自组织与知识共享

知识是组织获取竞争优势的关键性资源，是组织管理的重要对象[96]。一般来说，知识主体行为是嵌入在一个具体的、实时的社会联系系统中，是包含在网络与人群社区中的[97]。自组织的驱动因素是关系网络，因而自组织系统内往往集聚着强连带，社会网络密集。高密度的强连带往往伴随着知识共享与迁移，特别是在一些高知识含量的自组织系统中。传统的社会网络理论认为并不需要花费额外的精力进行知识迁移[58]。也就是说，社会连带搭建了知识源头与知识接收者之间的桥梁，能够让知识畅通无阻地从源头通过中介流动到知识接收者。然而，上述观点仅仅适用于独立的、高度编码的简单知识迁移情景。但越来越多的研究表明，完整地迁移非独立、非编码的复杂知识是困难的，而迁移涉及双方的强连带，比弱连带对复杂迁移的分享更为有益[98]。

自组织的强连带在知识共享中具有"动机""互动""默契"三方面优势。首先，在动机优势方面，自组织所衍生的强连带往往附带着高度信任。这种高度信任包含了正式的权责关系与互动所带来的信赖[50]，从而具有更强的动机为系统内的其他个体提供帮助且更可靠。因此，知识源头更愿意花费更长的时间对复杂知识进行说明、分享和交换。其次，在互动优势方面，自组织的强连带更能允许知识源头和知识接收者之间进行双向互动。这种双向互动对于复杂的知识迁移是非常重要的，原因在于知识接收者很可能在最初的接触中不能完全吸收新的知识，而往往需要多次互动来实现知识的完全迁移，而自组织所附带的强连带恰好为频繁的双向互动提供了支持[40]。最后，在默契优势方面，知识迁移建立在迁移双方的相互理解之上，紧密相连的双方发展出一种基于连带的特定思考模式，用于处理他们之间的复杂知识共享与迁移，比如 Uzzi 描述过亲密接触对于服装设计师和合作商之间关于时装款式的沟通是极为重要的[56]。相反，弱连带的双方往往因为缺少基于连带而形成的频繁互动和特定默契，导致沟通困难，使知识共享和迁移本身成为一种负担。

另外，知识共享的方式、程度也受自组织系统的网络属性影响，如中心点位置、结构洞位置、边缘位置等。首先，处于中心点位置的行为者与自组织系统中的其他成员关联较多，具备较好的知识共享环境，因而可以很快地获得各方面的知识[29]。因此，如果处于该位置的行为者有共享和吸收的意愿，那么该自组织系统的知识共享就比较容易发生。其次，结构洞位置的行为是网络中的知识流动的"阀门"，网络中的知识能否顺利地流动、如何流动，掌握在占据结构洞行为者的手中[58]。位于结构洞的知识拥有者或者接收者，都有机会获得来自多方的非重复知识，并成为信息的集散中心。最后，处于边缘位置的成员有更多的机会与外界建立联系，接收异质信息源的机会较多，可充当信息桥的角色，从某种程度上来讲能够推动更大范围的知识共享。

2.3　研究回顾

2.3.1　非正规就业定义

自1973年国际劳工组织在一篇题为《就业、收入、平等：肯尼亚增加生产性就业的战略》的报告中首次提出了"Informal Sector"后，这一术语开始被广泛地认同和接受，并在我国被翻译为"非正规部门"[9]。在国际劳工组织界定的基础上，我国学者也从多个方面区分了正规部门和非正规部门[99,100]，见表2-4。

表2-4　正规部门与非正规部门之间的特征差异

特点	正规部门	非正规部门
就业目的	获得"利润"	获得"就业"
组织结构	高度组织性	无组织或者简单组织
生产规模	大规模	小规模
经营场所	相对固定	不固定
经营时间	相对固定	不固定
收入特点	稳定	不稳定，差距较大

（续上表）

特点	正规部门	非正规部门
劳动关系	受法律保护	不受法律保护，依托社会关系
社会保障	失业、养老、医疗等有保障	基本无社会保障
合法性	受法律制约和保护	处于法律框架之外

资料来源：根据文献［112］整理。

在国民经济体系中，非正规部门是与正规部门相对应而言的。非正规部门被定义为低成本、低收入、规模小、无组织和未经官方登记的生产或服务单位，非正规就业就是指劳动者在非正规部门里的就业[101]。非正规就业者主要是由于贫困、人口增长、政府无力等产生[102,103]。Asiedu 和 Agyei 指出随着人口激增和农民进城，非正规就业活动在一些城市空间变得非常明显[104]。Woldeamanuel 等发现街头摊贩普遍是社会弱势群体，从事这项工作是他们寻找就业机会和摆脱贫困最重要的方式[105]。非正规就业活动广泛存在于肯尼亚、加纳、印度、越南、中国、巴拿马等亚非拉发展中国家[8]。然而，最近的研究表明，非正规就业活动不再被认为是"全球南方"的一种经济活动，而是成为一种不断增长的全球现象，既影响发展中国家，也影响发达国家[106]。非正规就业者主要表现为流动摊贩、家政服务、修理工、搬运工等[102]。他们的业务涵盖了旅游纪念品、报纸、熟食、杂货、服装、日常修补、回收废弃物这些常见的街道服务[107]。他们的收入不计入国民经济账户，经济活动不受政府审查，他们通常经济基础薄弱、受教育程度低、无社会保障[108]。相比于正规经济部门，政府将街头摊贩视为违规的低端产业从业者，因为他们不会进行注册登记，普遍存在环境污染、资源浪费、逃税的问题，而且他们提供的低价产品削弱了正规经济[109,110]。总的来说，非正规部门的业务范围总体处于法律框架之外，具有非正规经济的性质。国际劳工组织 2018 年发布的数据显示，排除农业生产活动，全球有大约 50.5% 的人从事非正规工作。在中国，城镇非正规就业占城镇总就业的比重为 33.2% ~ 44.7%，从业人员规模达 1.38 亿~1.55 亿[111]。

2.3.2　非正规就业相关研究议题

非正规就业存在的合理性一直都是学界的研究热点。迄今，关于该议题的讨论可以划分为三条主线：第一条主线是社会学在理论层面关于非正规经济的存在合理性和存在方式的探讨；第二条主线是管理学关于非正规就业管制实践的探究；第三条主线是心理学和政治学均关注的非正规就业与利益发生冲突却仍然能够生存的探究。

（1）关于运行逻辑的理论研究。

西方学者对非正规就业以及与此相关的外来移民族群聚集现象有大量研究，其中最为经典的研究有波兰尼的"反嵌入性理论"、卡斯特的"三个悖论"、罗伯斯的"支配规则"[113]。波兰尼的"反嵌入性理论"指出，经济体制是从属并嵌入社会文化的基础之中的，它可以有很多种类型，我们广泛认可的市场经济体制是其中一种，并在目前占据了优势地位。而我们所讨论的非正式部门则可以理解为以非市场规则和行动逻辑"反嵌入"市场制度之中的结果，可以在社会福利不足时提供替代性的运行规则，在逻辑上具有合法性地位[114]。而关于悖论逻辑的研究指出：市场化悖论是指非正规经济越是不受政府管制接近真实市场，越是依赖于社会关系而非市场契约；国家控制悖论是指国家越是试图通过制度来控制和消灭非正规经济，就越是为其提供产生的条件；统计与政策悖论则指出，国家对经济部门的定义和统计的原则性越强，遗漏的特殊情形则会越多，统计越失真，从而使得政策基础变得薄弱。此后，罗伯斯的非正式部门"支配规则"指出，非正规就业并非不遵守规则，而是遵循一种特殊形式的规则。相比于国家政府发布的正式的、合法的或者以契约为基础的规则，非正规就业则是将以"嵌入家庭、社区、朋友或者族群中的个人关系和网络"为基础的规则作为运行逻辑[115]。

以上理论均指出，非正规经济是区别于正规经济的另一种经济运行逻辑，具有合理性和普遍性。非正规经济并不遵循正规经济的市场原则，而是更多地以网络、关系等社会资本作为经济运行规律，实行一套更适合于该群体的内部规则。这套规则既是非正规就业者在社会中立足的内部支持，其实也是其维持外部隔离的重要屏障。它的执行有可能使非正规就业者内部出现"二次分化"，从而形成等级群体或者类别群体。

（2）关于空间管制的管理研究。

非正规就业是一种具有公共空间特性的经济活动，因而政府对于非正规就业群体的管制更多地表现为一种空间管制[116]。纵观历年来各国政府部门对非正规就业者的管理手段，可以看出其由现代主义时期强调的"苛刻"政策逐渐向后现代主义时期的"包容"转变[117]。以纽约为例，20世纪末，政府为恢复公共秩序，重塑城市形象以激活萎靡不振的经济，对摊贩、流浪者、性工作者等非正规就业者采取了严厉的空间排斥和规训政策[118]。同样，在我国许多经济发达的大城市，城市管理者为了维护城市形象和秩序，对诸如流动摊贩等非正规就业群体一直采取驱逐和排斥的治理机制，试图清除这种杂乱的缝隙空间[119]。然而，这种严苛的"零容忍"管制往往带来较高的管理成本，并容易引发持续的空间冲突，衍生一系列的社会负面影响，因而逐渐被取缔[120]。

进入21世纪以来，后现代主义视角开始提倡"放松"的管制手段。相关研究指出，非正规从业空间与城市管理的冲突并不是非正规经济的固有特征，而是缺乏适当的空间所致，解决途径在于为非正式部门提供使用空间[121]。故此，政府开始予以非正式部门更大的发展空间，并尝试引导其向正规化发展，如设置摊贩中心或建立空间疏导治理机制[122]，允许非正规就业者在特定的时间、地点以特定的方式进行经营。这种侧重于"疏"的管理模式具有提供稳定的经营场所、良好的经营环境和扩大经营规模等优势，但也存在租金商业化、空间固定化、区位限制和进入权不平等的负面效应[120]。面对非正规就业群体在城市空间中的流动和占用问题，政府部门也在思考城市规划是否未考虑这一群体的生存空间。近年，在印度第三大城市班加罗尔市，城市规划者开始制定适合班加罗尔高密度非正规经济市场的空间规划政策和设计条例[123]。然而，这些只是探索，追根溯源，正规化政策并没有充分认识到非正式部门作为一种非正规经济与正规经济一样具有特定的发展需求，如"扎堆"分布、自由流动等。相反，正规化仅仅是一种以"正规"为参照系去对待非正规就业的"正规本位主义"[116]，以稳定、规范的正规性来改造非正规就业者的非正规性，不可避免地导致了非正规经济优势的丧失。由此可见，非正式部门的根本特点在于不受政府管制而自由灵活地运作。

然而，所谓的管制之外，并不是一种单纯的自由状态，而是受到某种其他形式的"管制"，即来自社会和群体内部的压力和控制[124]。对美国的新唐人街和墨西哥城的历史中心的研究发现，当地几乎所有非正规就业者都会被迫纳入各种非正规组织的管理范围之内，它通过切断或者削弱与外界社会的联系，内部执行一套剥削性的统治秩序，控制着当地的非正规经济的运作[23]。而我国上海市下岗工人的非正规就业情况则揭示了另一种模式，即政府鼓励非正规就业的发展，并形成基于社区的非正规劳动组织来管理非正规事务[125]。同时，社区居民往往能够为非正规就业者提供低成本的经营场所和居住场所，在一定程度上促进了非正式部门在社区的发展[126]。另外，在某种互惠、尊重和协调的逻辑下，非正规就业群体更能形成一种自管治状态，实现群体内部的自治[127]。研究指出，利用非正规就业群体内部的自治组织可以开展比较合适的"管制"。这些"类单位制""公司制""嵌入制"等的管理手段体现了自下而上、"取之于民，用之于民"的管理原则，备受处于社会边缘的非正规就业群体关注。实际上，自治组织体现了一种以网络、关系等社会资本为运行逻辑的管理方法。它印证了社会学在理论层面对于非正规就业的存在方式的讨论，认为非正式部门能够在国家法律法规的制约之外，依托一套以"嵌入家庭、社区、朋友或者族群中的个人关系和网络"为基础的规则，实现群体有组织、可持续的发展。因此，纵使在法律管制之外，非正规就业的存在也具有合理性和长期性。

（3）关于利益群体的冲突研究。

非正规就业对社会经济发展有正反两方面的作用。非正规就业可以挖掘资源，增加社会财富；可以吸纳就业，增加经济收入；经营灵活，提供了便利的社区服务[128]。但非正规就业经营活动普遍存在污染环境、堵塞交通、规避税收、浪费资源、挤占公共空间、扰乱公共秩序等问题，他们提供的产品或服务因质量、卫生不达标也被社会公众质疑[129]。非正规就业群体的经营活动对经济社会发展无论是有利还是不利，均会与政府部门、正规就业者和消费者等利益群体发生冲突。因此，本书分别对非正规就业群体与正规就业部门、消费者和地方政府的冲突表现进行文献回顾。

非正规部门和正规部门的二元关系论认为，非正规部门是正规部门的反面，非正规部门以相比于正规部门便宜的价格向消费者出售产品，使得正规部门的销售量下降[130]。他们不用支付店铺租金，不需要缴税，却享受着和正规部门相同的市场环境；他们拥挤在步行街上，迟滞了正规部门的潜在消费者并影响了货物流通；他们在公共空间制造的垃圾，却需要附近的正规部门清理[109]。对消费者而言，非正规就业者一方面能够提供便利的社区服务，另一方面往往出售劣质商品，引起消费者反感；他们有时哄抬物价或采取不正当手段，对消费者实施欺诈[131]。在城市发展和管理方面，随着城市化迅速发展，非正规经济不断扩大，一方面会促进城市的可持续发展[132]，另一方面也会对城市环境质量构成严重威胁[133]。综上，非正规就业者和正规就业者、消费者之间可能发生冲突，当正规就业者认为自身利益受损，就会驱赶非正规就业者。消费者利益受损时，一般表现为沉默或与非正规就业者争吵，甚至发生肢体冲突等[104]。面对因非正规就业者导致的利益受损，正规部门和消费者普遍会求助于政府部门。政府部门为维护市场秩序和城市环境卫生，对非正规就业者采取驱赶、禁止、罚款和没收经营设备等手段进行治理，由此引起政府部门与非正规就业者之间的冲突。相比于其他利益相关者，非正规就业者具有脆弱性。面对政府部门的管制，他们不得不采取逃跑的空间转移策略，人们形象地将其称为"逃跑的商人"或"夺宝奇兵"。Munoz 研究发现哥伦比亚的移民非正规就业者忍受着城市边缘化和歧视，他们被当地人当作一个阶级来斗争[134]。因为非正规就业群体难免会与正规就业群体、消费者和政府部门发生一些矛盾冲突，而他们的目标是获得安宁的经营环境，所以非正规就业群体往往采取自组织的措施来规避冲突。

2.3.3 旅游与非正规就业的关系

旅游发展具有推动城市经济增长、居民就业以实现旅游扶贫或者旅游减贫[135]。从旅游业的性质来分析，其能够帮助减轻贫困的潜力在于：第一，旅游是一种劳动密集型产业，能够广泛带动居民就业；第二，旅游业的进入门槛低，容易接纳较低层次的劳动力；第三，旅游业一般会雇用大量的低技能个体，因为这些人在贫困地区占有较高的比例；第四，贫困本身就是一种旅游资源，它意味着廉价目的地，因而更容易吸引游客，从而获得发展[136-138]。其中，由于无法进入正式部门而成为非正规就业者的流动摊贩、无证导游、家庭旅馆店主等是旅游发展的明显受益者。这一度成为旅游扶贫的热点话题。

传统旅游业普遍存在低门槛、低技能、低投资的产业特征，且旅游业存在的地域偏远性、淡旺季差异等因素使得居住于当地的农民便于从事旅游业。Cukeier 和 Wall 对巴厘岛的外来流动摊贩等人的人口特征、工作性质、语言水平、收入来源及工作满意度进行研究，总结出旅游非正规群体大多是因为贫穷选择从事旅游业[139]。而 Timothy 和 Wall 的研究包括就业规模、所有权结构、资本来源与技能获得渠道等维度，认为正规部门与非正规部门之间的差异趋于模糊，以出售旅游商品的街角商贩为代表的旅游非正规部门并不会在旅游的现代化进程中消失[140]。Wahnschafft 等在对泰国 Pattaya 展开实地调查后表明旅游非正规部门是具有发展潜力的，由此引发一系列关于旅游非正规就业的研究，并集中在印度尼西亚、菲律宾、泰国等东南亚发展中国家，依托旅游目的地进行案例研究[141]。早期的研究聚焦在东南亚等旅游目的地，并在 21 世纪开始延伸至中国。王丽等将山东烟台作为案例地，分析了景区周边旅游非正规就业者的群体特征与满意度[19,142]。而梁增贤和谢春红则立足于旅游非正规群体的生存状态、职业发展、生活质量，指出旅游非正规群体的出现具有必然性和层次性[143]。孟威在广东阳江海陵岛的研究发现，旅游非正规群体在公众污名的压力下，并没有带来"高自我污名"，而是形成了一种"低污名、高自尊"的状态。研究进一步提出"个体—情境"解释框架。在该框架下，非正规就业者具有生存技能、应对危机的能力，也能够适应旅游经济规律，掌握应对政府运动式治理的技巧，拥有了选择的能力和对抗公众污名的能力，保持了相对积极的状态。[144]袁超等在安徽呈坎村的研究发现，乡村非正规导游就业与正规导游供给不足之间的矛盾、村集体经济单一、旅游分配制度密不可分，并提出"前提—参与—选择—反馈—适应"模式以解构乡村旅游中的非正规就业现象。[145]

2.3.4　旅游非正规就业研究现状

为了更加形象直观地呈现"旅游非正规就业"这一议题的研究现状，本书对国内的旅游非正规就业研究做了统计，以反映其在学界的研究热度和主题趋势。在 2021 年 10 月 20 日 15 时 33 分，笔者利用 CNKI 知网数据库，以"全文 = 旅游非正规就业（模糊匹配）"为检索条件，检索全部的文献数据，最终检索得到文献 4 165 篇，然后进行文献可视化分析。从图 2 - 1 可以看出，我国对旅游非正规就业的研究始于 1994 年，2000 年开始掀起旅游非正规就业的研究热潮，2006 年以后相关研究发文数量一直处于较高水平，这与同时期中国城市化进程和旅游业发展密切相关。

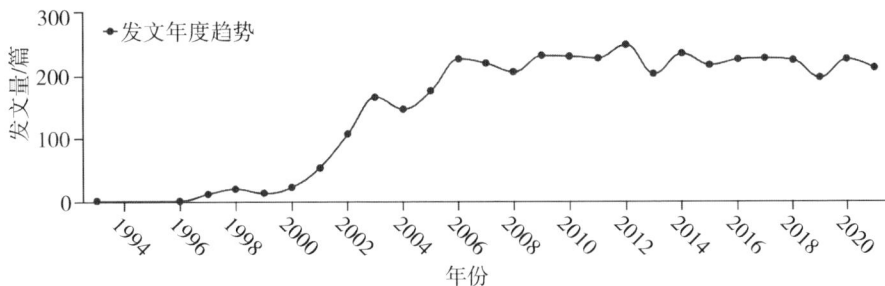

图 2 - 1　旅游非正规就业研究文献的总体趋势分析

资料来源：中国知网—计量可视化分析。

从研究内容看（见图 2 - 2），学界最为关注旅游非正规就业的"农民工"，以其为关键词的文献有 144 篇；"失地农民"研究居其次，共有 82 篇。这说明旅游非正规从业者由农民工转化而来，在旅游非正规部门就业是"失地"后的被迫之举。另外，"城市化""城镇化""产业结构""对策研究""新生代农民工"等关键词频数也较高，说明旅游非正规群体是城市化进程中的一部分，与城市管理、产业结构、经济增长密不可分。

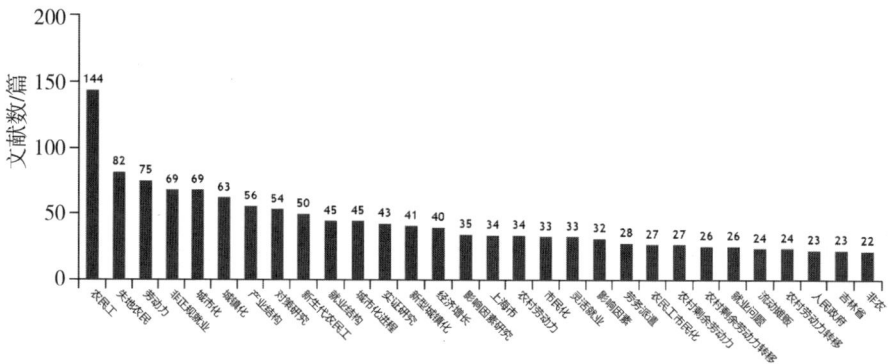

图 2 - 2　旅游非正规就业研究的"关键词"分布

资料来源：中国知网—计量可视化分析。

　　纵观旅游非正规就业的研究，可发现其承接了非正规就业的研究体系，如图 2 - 3 所示，从概念研究、机制研究、影响研究过渡到对策研究，从现象迁移到行为，从群体研究聚焦到个体研究，开始强调对非正规就业者的人本主义关怀。而这样的研究脉络也预示了探究旅游非正规群体内部的异质性，剖析人员分工、资源配置和自治理等研究指向。

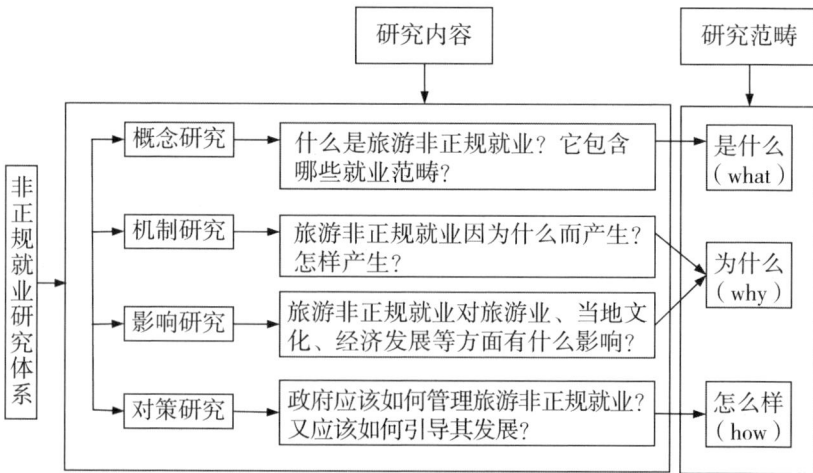

图 2 - 3　旅游非正规就业研究体系

资料来源：根据参考文献［137］整理，有改动。

（1）概念研究。

概念研究主要探究旅游非正式部门以及旅游非正规群体是什么的问题。起初，学者们大多用"用人规模""是否注册""是否个体经营"等标准来进行概念界定，因此不同国家的非正式部门概念有所差异[124]。例如，泰国的非正式部门多指拥有 20 名以下工人的小企业主和自我雇佣者；而韩国的非正式部门则多指拥有 5 名以下工人的微型企业或自我雇佣者；在印度尼西亚，非正式部门则指由家庭工人和其他零工组成的自我雇佣者。同时，学者们为了方便研究，往往根据实际情况对概念定义进行遴选和标准化，使不同国家、不同案例的非正式部门概念有所区别，这造成了概念混乱的局面，也面临难以实现研究对话的困境。由此，国际劳工组织开展了大量的研究工作，指出非正式部门具有多样性和差异性，同时概括了其部分的共性特征：规模小、低成本、低效率以及未经官方登记[147,148]。

非正式部门的概念同样适用于旅游非正式部门。故此，相对于已有营业执照的饭店、航空部门、娱乐部门等为主的旅游正式部门，旅游非正式部门更多的是指那些还没有进入政府部门管理范围之内的小微企业或自我就业部门，如没有营业执照的家庭旅馆、无证导游、人力车司机、个体出租车司机、销售纪念品的流动摊贩等[145,149]。旅游非正式部门存在于旅游业的各个环节，具体分类见表 2-5。这些旅游非正式部门一般以个人或家庭为经营单位，低投资、小规模、自产自销、季节性强，兼具劳动密集型特点。他们没有统一的组织，散处各地，可能与正式部门并存于中心城市，也可能散处于边远景点与乡村休闲度假地带。

表 2-5　旅游非正式部门分类

分类	旅游非正式部门
食	流动小吃摊、流动水果摊、无证经营家庭餐馆、景点周围兜售矿泉水的小贩等
住	无证经营的家庭旅馆
行	无证黑车、人力车司机、倒卖车票者、车辆出租者等

（续上表）

分类	旅游非正式部门
游	倒卖景点门票者、无证导游、挂靠旅行社、沙滩用具出租者、景点拍照者、引路收费者等
购	手工艺者、销售旅游纪念品的小贩、非民生的夜市等

资料来源：根据参考文献［19］整理。

　　基于以上的概念界定，不难看出，旅游非正式部门往往与微型企业（如无证家庭旅馆）、自我雇佣就业（如无证黑车、人力车司机、倒卖车票者、无证导游等）、流动摊贩（流动小吃摊、流动水果摊、沙滩用具出租者等）等概念挂钩。

　　一是旅游微型企业。旅游微型企业是旅游小企业的一个分支，两者并没有明确的划分。一般情况下，区别于普通的旅游小企业，旅游微型企业更加具有规模小、投资额低、营业额小等特点。它们一般依附于旅游景区景点而生存，如景区周边的无证餐馆、旅馆等[150]。基于泰国一个旅游目的地的研究表明，微型的旅游住宿业更多地由当地人经营和管理，社区参与和地方嵌入的程度高；而另一项研究则表明，这些微型企业由于其门槛低，能够为一些传统意义上的弱势群体（如女性和少数民族）提供就业机会[151,152]。

　　二是旅游自我雇佣就业。自我就业通常分为两种：第一种是不断发掘机会、创造新产品、生产、分销的企业家，属于正规的自我雇佣就业；第二种则是结构性失业者为了逃避税收而做点"小生意"，属于非正规的自我雇佣就业，也就是本研究的非正规就业者，如人力车司机、无证导游等。相关研究表明，旅游自我雇佣就业者对工作的自由度、安全感、主动权以及收入的满意度是最为看重的[153]。

　　三是旅游流动摊贩。旅游流动摊贩是典型的旅游非正规群体，在发达国家和发展中国家均普遍存在。旅游流动摊贩与旅游自我雇佣就业之间有重合之处，部分旅游自我雇佣就业者表现为旅游流动摊贩的形式，如流动小吃摊、流动水果摊、工艺品摊等。旅游流动摊贩往往依附于一个或几个景区而经营，经营时间弹性，经营地点不固定，具有较强的"流动性"。已有研究指出，虽然旅游流动摊贩也存在扰乱旅游市场秩序、危害环境等问题，但旅游地的流动摊贩与城市街道中的流动摊贩在现实中呈现出两种截然不同的空间生存状态，旅游地的流动摊贩由于其提供的特色旅游商品，不仅在旅游地"安适其位"[140]，甚至还成为旅游吸引物[154]。

综上，旅游非正规就业的概念广泛，涉及的对象众多，难以作严谨的界定。在研究中，研究者可以根据实际情况进行遴选，使得真实的研究对象尽可能匹配目标研究对象。广州塔周边的"摄影小贩"就是属于旅游非正规群体的一个子群体。

（2）机制研究。

在概念研究之后，学界开始关注旅游非正规就业的形成机制，即旅游业为什么会衍生非正式部门。原因涉及政治经济层面和社会价值层面，包括户籍松动、需求拉动、经济动机、生活理念四大维度。

第一个原因是户籍松动。前文已述，非正规就业者多由农民工、下岗工人等构成。新中国成立至改革开放前我国基本执行严格的户籍管理制度，人们被束缚在出生地而不能流动。随着我国户籍制度的改革，国家放开了人口流动，这就为农民进城务工创造了条件，那些由于各种原因不能进入正式部门工作的人，被迫或自愿从事着非正规经济活动。也就是说，户籍制度松动造成的农村人口流动、城市化快速催生的就业岗位激增、所有制结构调整等，使非正规就业现象在全国不断涌现[155]。

第二个原因是需求拉动。旅游业中出现较多的非正式部门与旅游业的产业特征是分不开的。旅游业具有明显的季节性，因而乡村旅游目的地居民大多选择在旅游旺季为游客提供农产品、住宿、导游服务等，从而衍生规模庞大的非正式部门。区别于正式部门，这些非正式部门在满足游客多样化、个性化等需求时拥有优势，因而获得了生存空间。[145,146]

第三个原因是经济动机。旅游解决就业的最大成果不是体现在正规部门，而是体现在对非正规就业的拉动上[156]。旅游非正式部门能够为失业群体提供就业机会，从而获得生存的资本，这是旅游非正规群体最直接的经济动机。旅游非正式部门作为典型的非正式部门，具有投资小、门槛低的特点，因而可以作为社会就业的避风港，能够为剩余劳动力提供大量就业机会，从而解决其生计问题。非正规就业部门能够提供产品、服务，创造就业机会，吸纳结构性失业人群，增强国家的经济竞争力，也能够作为人力资本积累的重要渠道，实现职业向上、向外的流动，是劳动群体实现更好就业的职业跳板[143,157]。

第四个原因是生活理念。汪娜莎、徐霭婷指出，非正规就业不只是结构性失业导致的维持生计型就业，部分非正规就业者是自愿从事非正规工作的[158]。这部分旅游非正规群体更加注重的是他们所从事的事业是不是符合他们所偏好的生活方式，而经营利润和风险并非他们所考虑的主要因素[159]。对英国一个海滨度假区的研究表明，小企业主或自由职业者很少是出于经济原因来到海滨地区，而更多是因为喜欢在海滨地区居住。同样，另一个对乡村旅游和服务招待业就业的研究显示，创业时期的青年人更倾向于选择自我雇佣等非正式就业形式；另外一些旅游非正规群体则希望通过自己独立从事的事业来实现人生价值，而不愿意受雇于人，因此逃离正式部门而选择非正式部门。故此，旅游非正式部门很有可能是生活理念所引导的创业雏形。

总的来说，旅游场所作为游客流、物质流、信息流、文化流等多种子流的承载体，极易孕育新的市场需求，形成初具规模的旅游非正式部门，能够给予社会劳动力获得灵活的就业机会、争取更大的利润空间、实践偏爱的生活方式、实现崇尚的人生价值等多种可能。故此，区别于其他行业的非正式部门，旅游非正式部门的形成更具必然性，而其形成机制也隐藏了多样性可能。

（3）影响研究。

影响研究主要探讨旅游非正式部门对旅游目的地带来的影响作用，涉及环境、经济、文化等多个方面。影响研究伴随着旅游非正规就业的每一个研究阶段，从最初一边倒的消极影响描述逐渐过渡到目前积极和消极并存的状态。

首先，在环境影响方面，学界往往强调旅游非正规群体滋生的卫生质量隐患、影响环境与治安、造成交通拥堵等"脏、乱、差"现象，强调其对环境的消极影响[122]。Steel 在对秘鲁的旅游非正规群体的研究中指出，社会公众普遍对旅游景点的流动摊贩形成了某种共识：堵塞交通、制造垃圾、传播疾病、污染空气、扰乱公共秩序等[21]。而 Bromley 同样强调了拉丁美洲老城广场周边的旅游流动摊贩在卫生、秩序、安全性等方面的消极环境影响，并主张一种"堵"的清理措施[8]。总的来说，学界更多强调旅游非正规群体对于环境的负面影响。

其次，在经济影响方面，税收规避是一直被强调的消极影响。旅游非正式部门大多是没有在国家工商部门登记的个体户或小微企业，在生产过程中自给自足而不需要向国家缴税，这在一定程度上造成了国家统计的 GDP 漏损，因而非正式部门往往被称为"阴影部门"或者"地下部门"[147]。另外，就业者处于贫穷和结构性失业而进入旅游非正式部门的职业动机所占比例大，再加上游客一次性消费的倾向，容易导致旅游非正规群体的经营行为呈现短期化倾向、机会主义及自利行为[7]。与旅游业中的正式部门相比，旅游非正式部门普遍具有高强度、低收入的特征，是一种低效率的经济形式，从某种程度上来讲掩盖了旅游业不充分就业的现状，并不利于社会经济的整体发展。

最后，从社会文化影响看来，学界更为强调旅游非正式部门所带来的积极影响。旅游非正式部门作为旅游扶贫或者旅游减贫项目的重要表现形式，能够给予失业群体就业的机会，并在一定程度上提高其生活水平。杨钊等指出，部分旅游非正规群体表现出十分积极的从业感知评价，旅游非正式部门为其带来的收入能够使其克服工作环境恶劣、工作稳定性差、工作负荷强、职业地位低下等消极因素，保证较高的职业满意度[160]。梁增贤等指出，旅游非正规就业能够显著影响就业者的生活质量，涉及工作状况、工作前景、家庭生活、社交能力等八个领域[161]。郭为和田加文 2018 年在对青岛的旅游非正规部门研究中指出，在旅游服务业中，旅游非正规部门不仅能够补充正规部门的服务不足，还能够发挥吸纳就业的作用[162]。另外，旅游非正式部门也可能对传统的家庭结构带来调和作用，传统工薪就业中产生的性别收入差距将更多的女性推向了非正规就业，她们希望以此寻求自我职业生涯的成功。旅游非正式部门所蕴含的大量就业机会为女性带来了职业地位，一方面可以提高其家庭地位，甚至是社会地位；另一方面也能平衡事业与家庭之间的冲突关系[6]。

总的来说，学界强调旅游非正规群体所引发的消极环境影响。而在经济影响方面，学界既强调其逃税、机会主义行为等消极现象，也客观地指出其作为社会就业海绵的积极影响；在社会文化影响方面，学界更为关注其为社会边缘劳动力的生存方式和生活方式所带来的正面作用，是一种利好的影响。

（4）对策研究。

对策研究主要强调政府如何管理和引导旅游非正规就业的发展。关注非正规就业者的社会保障、权益维护、正规化以及如何引导体面就业等方面的内容，是近年来学界对于非正规就业乃至旅游非正规就业的最新研究热点。进入20世纪90年代，全球进入非正规就业的维权阶段。而旅游非正规群体必须依附于彰显城市容貌的景点景区生存，因而必然面临着比其他行业类型的非正规就业者更为严峻的治理力度，政府的管理与引导问题更为突出。

对泰国 Pattaya 的研究指出，旅游正式部门与非正式部门之间的差异趋于模糊，出售旅游商品、服务的街头摊贩并不会随着旅游现代化而消失，因而需要对其进行有效引导而非一味地驱赶[140]。在零容忍"驱赶"和全面"正规化"政策屡遭失败之后，国外学者开始意识到非正规就业与正规就业之间的管理逻辑有本质的区别，非正式部门的根本特点在于不受政府管制而自由灵活地运作。故此，以社会资本为运行规则的非正规就业研究开始涌现。Agadjanian 对南美洲玻利维亚的旅游流动摊贩的经营行为研究表明，共有符码、共同语言、共同信仰等认知相似性作为社会资本的一个构面，对旅游非正规群体的经营表现和发展空间起关键性作用[163]。而 Little 把玛雅流动摊贩的利益相关者划分为其他流动摊贩、固定摊贩、供应商、游客与政府五大群体，并逐一剖析了流动摊贩与不同群体构建的非正式关系，发现这些社会关系对他们的经营选址、进入难度、营业收入具有不同的反作用[136]。研究发现，社会网络能够促进非正规部门的创业活动，社会网络也能够在正规部门和非正规部门之间建立联系，能够更好地促进社会经济活动的发展[164,165]。

而在国内，学者们也开始关注旅游非正规群体在政府管制之外的"自我管制"模式。梁增贤等人指出，区别于传统的非正规就业，旅游非正规就业所涉及的业务众多、信息量大，更有利于就业者选择职业出口；旅游非正规群体直接面向游客，社交能力、沟通能力、反应能力及市场判断能力都显著提升。故此，旅游非正规就业有可能是一条低层次农村劳动力向高层次城市就业者转变的职业通道，应该用"疏"代替"堵"，实现对旅游非正规群体的有效引导和支持[143,146]。Wen 等则发现，在"疏"的情况下，旅游非正规群体能够自发形成自我管理，基于一套以仁、义、礼为核心的江湖规矩来进行自治[24]。另外，一些关于旅游非正规群体的生活满意度、生活质量的研究也相继出现，其强调人本主义，关注旅游非正规群体的发展与出路[161]。

综上，现阶段对于旅游非正规就业的研究热点开始深入至旅游非正规就业的管理与引导对策领域，并逐渐从"他治理"过渡为"自治理"，基于社会资本理论来探究旅游非正规就业的发展出路成为趋势。

2.4 文献评述

旅游非正规就业是非正规就业的一种行业类型。它的研究承接了非正规就业的研究主线，从概念研究、机制研究、影响研究过渡到对策研究，强调政府部门对于旅游非正规就业的管理和引导，强调人本主义，关注旅游非正规群体的发展。在对策研究方面，学者强调旅游非正规就业运行的根本特点在于不受政府管制而自由灵活地运作。那么在管制之外，一种以"嵌入家庭、社区、朋友或者族群中的个人关系和网络"为基础的规则最为适合旅游非正规群体的生存发展。这种规则强调社会资本对于非正规就业的作用。而自组织作为以社会关系为沟通手段、以互惠互利为冲突解决手段、享有较高信任度的运行系统，是市场与层级之外的第三种社会治理机制，特别是在一些政府政权无法覆盖的"真空地带"。由此可见，自组织机制迎合了旅游非正规群体的生存机制，能够有效地解释旅游非正规群体的发展路径和存在的合理性。

　　故此，本书以广州塔周边的非正规旅游摄影从业者群体为研究对象，以自组织理论为研究框架，目的在于还原该旅游非正规群体自发、自治、自控的过程，解释旅游非正规群体得以有序、持续发展的原因及益处，为政府引导和管理旅游非正规群体提供有效的经验支持和政策建议。

3　城市旅游非正规群体自组织的形成过程

罗家德指出，自组织的形成需要经历人群聚拢、小团体产生、认同产生、集体行动、规则和监督机制实施五个步骤[25]，这是一个从"无序"走向"有序"的过程。其中，群体的规模化、规则的实施、监督机制的落实是自组织过程中的三大重点表现形式。故此，本章将基于调研内容，还原广州塔周边非正规旅游摄影从业者群体的自组织过程，集中解决"群体是怎样实现规模化的""群体壮大后实施怎样的规则""群体又是如何监督规则的实施"三大问题。在此基础之上，本章进一步提炼该过程中群体成员最为重视的领域，为后续进一步的分析作铺垫。

3.1　规模化过程

自 2010 年 10 月广州塔景区开业以来，旅游非正规群体就开始在其周边从事旅游摄影服务。其间，有新成员加入，也有老成员离开，同时有相当大比例的成员一直在坚持，促成并见证了该群体的发展壮大和组织化过程。虽然我们的跟踪调研时间持续至 2021 年 5 月，但我们发现依托广州塔景区的旅游摄影非正规就业者群体在 2016 年之后发展较为稳定，即使在疫情防控期间，群体组织依然存在。因此，本节的规模化分析以 2010—2016 年为主。图 3 - 1 显示，广州塔周边的非正规旅游摄影从业者群体在 2010—2016 年的发展轨迹可以大致划分为三个阶段：2010—2011 年的开拓期（对应阶段 1）、2012—2013 年的发展期（对应阶段 2）、2014—2016 年的自治期（对应阶段 3）。具体事件—时间轴见图 3 - 1，相应时期的形成过程见表 3 - 1。

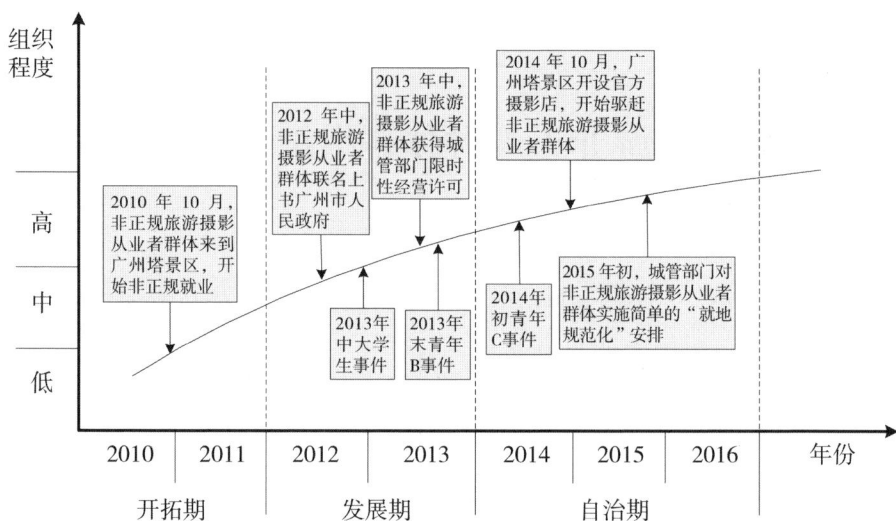

图 3 - 1　广州塔周边非正规旅游摄影从业者群体的具体事件—时间轴

资料来源：根据访谈资料整理。

表 3 - 1　广州塔周边非正规旅游摄影从业者群体形成过程

发展阶段	开拓期	发展期	自治期
总体规模	30 人左右	40 ~ 50 人	100 ~ 120 人
进入模式	开拓者，自发进入	跟随进入，群体缓慢扩张	介绍进入，新成员井喷式涌入
新成员来源	上海世博会场馆外非正规旅游摄影原班人马，多来自河南、山东、安徽、广东等地	多为来自白云山、天字码头、大沙头码头等景区的具有多年经验的旅游摄影者	多为老成员的亲戚、老乡或朋友等"熟人"，来自河南、山东、四川、广西等地
人口特征	以中青年男性为主，也有少数中年妇女，彼此相互认识	以中青年男性为主，妇女比例小，新进入者多为中年男性	以中青年男性为主体，妇女比例上升，并出现大量夫妻搭档、母女搭档，彼此熟悉

（续上表）

发展阶段	开拓期	发展期	自治期
从业性质	全职	全职为主，少数几个兼职	全职为主，兼职比例明显上升
管制	2010 年亚运会期间广州城管对流动摊贩严格管制	后亚运会时期广州塔管制严格	城管部门逐渐从"驱赶"向"半默许"再向"默许"转变，只在重要时刻予以警告，其他时间视而不理
应对管制	初次来到广州塔经营，对外界环境并不熟悉，因此相对被动，只能采取伺机而动的"间隙"战术，把握城管交班、下班的间隙揽客，经营极度不稳定，前景堪忧	开始主动应付管制，一来伪装成游客机智逃避管制，同时联名上书市政府征求经营许可。应付管制的过程中，经营仍然因城管管制而波动，但有向稳定发展的趋势	非正规旅游摄影从业者基本实现"自治"。群体获得自我管理主动权，经营稳定，前景向好

资料来源：根据访谈资料整理。

综上，广州塔周边的非正规旅游摄影从业者群体从小规模、松散、无组织的群体形态发展至如今高度有序、自治的状态，是从"无序"到"有序"的过程，也即"自组织"不断加强的过程。

3.1.1　开拓期

2010 年，伴随着第 16 届亚运会的举办，广州塔景区也建成开业，以"中国第一高塔"的称号闻名全国。故此，留影合照成为绝大多数游客最基本的旅游消费方式。当时广州塔景区并没有设立正规的摄影店，一贯依靠非正规旅游摄影谋生的"胖子"（M09）和"王哥"（M14）看到了广州塔旅游摄影行业的潜在商机，动员了 30 名同行（如 M03、M17、M25 等人）从上海世博会景区来到了广州塔景区，开始了全新的非正规旅游摄影就业。这 30 名同行是一起来到广州的，大多相互认识，形成彼此关联的关系网络。此时，群体的规模为 30 人，网络密度为 1.000，相互关联的密度高；群体成员的中心性相近，并未出现明显的中心人物或关键群体。

然而，初期"生意"并不好做。非正规旅游摄影从业者群体人数少，缺乏有效组织，加上群体中以外地人为主，缺乏与景区、政府部门、社区部门的有效沟通，因而很容易受到政府部门的管制，导致其发展前景不明朗。此外，非正规旅游摄影从业者群体在此之前缺乏长期合作的基础，因而表现出高密度但低强度的社会网络特征。他们更多地强调个体行动，表现出一种"各干各的"群体状态，自定经营时间、经营地点，独自拉客。但在其他方面，他们也开始与关系较好的熟人达成初步的合作，如共享货源、切磋摄影技术、通报城管的行踪等。总的来说，在开拓期，广州塔周边的非正规旅游摄影从业者群体由于在缝隙市场中伺机而动，呈现出城市非正式部门所普遍存在的松散、无组织、流动性强的状态。

3.1.2　发展期

纵使城管管制严格、就业前景不明确，依然有更多的人尝试加入广州塔周边的非正规旅游摄影从业者群体。从 2012 年开始，来自白云山、天字码头、大沙头码头等景区的非正规旅游摄影从业者群体，如 M01、M02、M05 等 20 多人，也开始觊觎广州塔景区所带来的商机，纷纷尝试在广州塔景区从事非正规旅游摄影。此时，初期进入者的关注点依然聚焦在如何逃避政府管制的"外忧"之上，群体内部仍然处于群龙无首的"无组织"或者"弱组织"状态，并未形成强烈的集体意识，因而无意排斥新进入者。

新进入者大多是具有长期景区摄影经验的非正规就业者，用他们的语言来说，"每一行都有行规"，他们懂得规矩，深知每一个群体都有其进入门槛和运行制度，因而在初进入时都表现出相对友好的态度，少竞争、多合作，尽量从其中寻找老乡或者结交朋友，并与其搞好关系，以保证自身的长远立足。而"胖子"（M09）和"王哥"（M14）等人恰好是原来群体的活跃分子，愿意与新进入者打交道，这也在一定程度上搭建了新进入者与老经营者之间的桥梁。逐渐地，广州塔景区周边的非正规旅游摄影从业者群体形成了以首批进入者为核心、以新进入者为外围的关系网络。此时，群体的规模为50人，网络密度为1.000，相互关联的密度高，表现出熟人社会的特征。根据表1-7所示，发展期F1、F2、F3、F4这4位关键人物的点度中心度为49.000，明显高于其他成员，群体开始出现领袖人物。

经历了将近一年的摸索，广州塔周边的非正规旅游摄影从业者群体已成功掌握了城管出现的时间、地点规律，从而有效地规避管制。另外，随着群体规模壮大，以及群体不同成员的经验探讨，该群体开始尝试与政府沟通，如联名上书广州市人民政府要求减少城管管制、与值班的城管协商定时定点的"不管制"方案等。由此可见，广州塔周边的非正规旅游摄影从业者群体内部出现了集体行动，通过简单的合作方式向政府部门提出放宽管制的要求，并取得了一定的成效。纵使广州塔周边的非正规旅游摄影从业者群体依然处于不被认可的弱势地位，但不可否认，他们开始在不断的博弈中获得话语权和自主权，逐渐过渡到群体自治。

3.1.3　自治期

在政府管制逐步放宽的背景下，非正规旅游摄影生意逐步向好，越来越多的群体外人员意图加入广州塔周边的非正规旅游摄影从业者群体。群体不断壮大所带来的协商成功使得该群体成员意识到规模化的重要性，因此他们乐意吸纳新成员。同时，"大学生事件"等多个现实案例也让他们认识到新进入者所带来的风险。因此，在"胖子"（M09）和"王哥"（M14）等人的号召之下，非正规旅游摄影从业者群体默认一套"熟人推荐"的成员吸纳法。也就是说，每一位新成员均需要通过群体老成员的推荐和安排才能加入群体；否则，群体将排挤那些没有任何熟人引荐的新成员。这样一来，非正规旅游摄影从业者群体既可以实现预期的规模化目标，也可以保证经营利益不被瓜分和掠夺。

2014年开始，非正规旅游摄影者不断介绍其妻子、父母、兄弟、朋友等关系较好的熟人进入群体进行谋生，这一模式被他们统称为"老乡带老乡"模式。截至2016年中，广州塔周边的非正规旅游摄影从业者群体的规模已经达到 100 人以上，旺季甚至能够达到 150 人，接近饱和。根据"邓巴数"，有效地记忆、管理、组织的群体规模应该在 150 人左右，这个 150 人的规模是遵从共同仪式的规模，也是具有实际意义的整体网规模。这一规模的非正规旅游摄影从业者群体形成了以首批进入者为核心、第二批进入者和第三批进入者为次核心的成员架构。此时，群体规模达到 100 人或以上，这一规模能够有效地记忆、管理、组织群体成员。此时，群体内部的网络密度为 1.000，群体成员的关联密度达到饱和；F1、F2、F3、F4 这 4 人组成的关键人物团体的点度中心度为 99.000，明显高于其他成员，群体内部奠定了 F1、F2、F3、F4 的领导地位，也就是"胖子"（M09）和"王哥"（M14）等人的领导地位。

而随着群体规模的逐渐壮大，一方面，由于群体的话语权大幅提升以及政府部门对该群体实施全面管理的松绑，广州塔周边的非正规旅游摄影从业者群体开始与城管部门形成某种合作"默契"；另一方面，广州塔景区的管理部门也开始默许非正规旅游摄影从业者群体的工作，定期召开会议，与其商讨一些相互尊重的条例，以免产生冲突。如此看来，该群体通过不断壮大而获得城管部门、景区管理部门的经营默许，并不断在商讨中奠定了自治组织的基础。

与此同时，随着群体的发展壮大，群体内部的"行规"进一步完善，组织日渐成熟。"胖子"和"王哥"无论是在与城管部门协商的行动上，还是在成员吸纳形式的讨论中，都体现了超凡的胆识和智慧，因而得到了群体的认可和敬重，逐渐巩固了其群体领导人的地位。他们不断制定和完善"行规"，有效组织和规范群体行为。

3.2 非正式行规

非正式行规主要围绕非正规旅游摄影的经营流程而制定。一般情况下，一次完整的经营流程分为 6 个步骤：揽客、讨价还价、拍照、选照片、打印、交易。非正规旅游摄影从业者游走于广州塔的东、西广场和地铁口等游客集中的区域，每人背着一个斜挎包，里面装有单反相机，手拿一本相册作为样板，到处招揽游客。每当有游客走过或者停留在某一个位置欣赏风景，非正规旅游摄影从业者都会拿着相册轻轻递给游客，问一句"帅哥/美女，要拍照吗?"或者"帅哥/美女，来拍个照吧，我们能拍到全塔呀"。揽客的语气非常随意，如果游客有意，非正规旅游摄影从业者则与其谈价钱，然后选照片。选好照片以后，非正规旅游摄影从业者群体则会按照游客指定的照片大小和数量，到离广州塔景区 500 米远的地方打印照片，然后交给游客，完成交易。若是游客无意，非正规旅游摄影从业者也不强求，再次游走于广州塔景区的广场内寻觅新的游客，如此往复。近一两年，由于游客"跑单"的行为严重，非正规旅游摄影从业者群体在经营流程中增加一个收取订金的环节，即当游客决定了照片的大小和数量以后，非正规旅游摄影从业者会根据实际情况收取一定比例的押金，一来防止游客在等待打印的过程中不认账，二来也能够降低游客"跑单"所带来的损失。收取订金并非一个强求的环节，非正规旅游摄影从业者一般都会在征得游客同意的情况下才收取，若是游客不愿意，将不对其收取订金。

　　围绕着这个经营过程，自治期间广州塔周边的非正规旅游摄影从业者群体内部逐步实施一套"行规"。区别于传统的法律法规或者规章制度，这套行规具有"非正规性"，它不成文，依托口头传播的方式传递，但依然具有较强的约束力。基于 NVivo 11.0 内容分析的结果可得，非正规旅游摄影从业者群体的行规不局限于经营过程，而是辐射至进入机制、成员管理、内部合作、对外策略、经营方式 5 个方面，基本能够覆盖就业者经营活动的全过程。

3.2.1　行规一：内外有别的进入机制

　　区分"生人—熟人"是非正规旅游摄影从业者群体重点把关的行规。诚如前文所述，自治期间群体规模达到 100 ~ 150 人，进入饱和状态。故此，每增加一位新进入者，就会分割其他成员的利益，毕竟市场需求的增长有限，而且新成员极有可能不受行规的约束进而扰乱群体秩序。故此，在"胖子"（M09）等群体领导的号召下，该群体非常明显地区分"熟人"和"生人"的对待方式，形成进入壁垒。

（1）熟人引荐一步到位。

"熟人"可以是亲人、朋友、老乡或其他具有密切关系的熟人，通过熟人引荐，一般可以顺利地进入群体，实现从培训到就业的一步到位。其中，小玲（M23）的经营就是非常典型的例子，她获得了妈妈的推荐进入非正规旅游摄影从业者群体，并快速学习摄影技术，成为群体的一员。

（进来拍照）不难啊，我妈妈跟他们说一声，说我女儿暑假来拍一段时间，大家也没有意见的……我妈妈给我的相机，都已经调好了的，我只要对一下焦距什么的，就可以的；实在不会，可以问问我妈，或者那边的哥哥，他们都很愿意教我们的。况且其实单反不难用，别人教你两次，自己再摸索一下，就肯定会的。——M23

小玲（M23）的例子很好地反映了非正规旅游摄影从业者群体"熟人引荐"的进入方式，从推荐进入、分享技能到共享客源，一步到位。同时，小玲（M23）也提及，这种区分"生人—熟人"的进入壁垒日渐明显，成为群体内部最为强调的行规。

我看很多人都是靠老乡介绍进来的，就像我，我也是跟着我妈妈来的。依我看来，这两年的市场已经达到了饱和，很明显今年的生意就没有去年好做，所以如果大家继续涌进来，生意只会越来越难做，这样大家都不肯啊，所以还是先保住原来这些人的饭碗，再去谈其他人的。之前那两年，游客突然增多，所以大家都不断介绍自己的亲戚来，我妈也把我带过来，那时候大家都不在意，因为生意一般都做不完；但现在不同呀，游客量基本就定了，多一个人，平均每个人就会少一份收入。要是你，你也会想办法拒绝别人来分一杯羹的对吧?!——M23

（2）生人闯入到处碰壁。

"生人"往往指不具有以上紧密社会关系的普通人，如果强行闯入，一般会遭到群体成员的漠视、口头警告，甚至被他们争抢客人。其中，大学生 A 的案例很好地解释了该群体为什么要把"排挤生人"作为硬性规定。2014 年冬天，一位自称是摄影专业的大学生 A 来到广州塔，向部分成员表明其学生的身份以及前来学习摄影技术的动机，希望能够获得非正规旅游摄影从业者群体的允许和帮助。经过与核心人物"王哥"等人的沟通，大学生 A 如愿以偿，得到允许，并获得来自群体其他成员的相助，如提供相册、打印机等经营设备。与此同时，"王哥"等人也向该名大学生说明一些规矩，如不争客、不打架等。

那时候我们看他一个学生嘛，也挺可怜的，所以就给了他一个相册，把打印机借给他用，跟他说好了规矩，让他试着跟我们一样，去揽客，去做生意。——M14

如上所述，非正规旅游摄影从业者群体对于大学生的豁免是出于同情，而并非基于关系，故此群体对其的要求会更高。而这位大学生非但没有知恩图报，反而见利忘义，每天非常积极地拉客，甚至抢客，使其他群体成员的生意受到影响，引起了他们的反感和不满。于是，"王哥"等人决定驱逐这位大学生，把租借给其的相册、打印机等经营设备都收回，并且口头警告要求其离开。大学生 A 在没有熟人帮助而且被排挤的情况下，只得选择离开。大学生 A 事件发生后，非正规旅游摄影从业者群体对新进入者的把关更加严格了，推介式入群成为新人加入群体的唯一途径。故此，熟人引荐一步到位，而生人闯入到处碰壁。

没想到这小子，忘恩负义，完全不懂规矩，天天非常主动地去揽客，把我们的游客都抢走了，搞得我们生意严重受损。没过几天，我们就把他的相册收回来，然后打印机也不借给他了，让他自己想办法。后来他也没办法，只得一个人默默地回去了。——M07

这个林子就这么大，游客就这么点人，如果拍照的人慢慢发展到很多人，搞到竞争很大，有的人就会吃不上饭，那他肯定会这样想的（排挤新进入者），对吧?! ——M14

此后，青年 B 的事件也验证了非正规旅游摄影从业者群体的准入门槛的严格性和权威性。青年 B 在广州塔景区附近上班，下班后经常到广州塔景区散步，逐渐与非正规旅游摄影从业者群体成员熟络起来。经过一段时间的摸索，青年 B 掌握了从事旅游摄影的技巧，便配备好相关设备，尝试加入非正规旅游摄影从业者群体。青年 B 并无亲人、朋友、老乡等熟人关系，因此受到了群体的排挤，被安排到了生意较为冷清的珠江边经营。由于被安排的位置游客稀少，青年 B 的生意平平，勉强度日，加上该位置因修建有轨电车而被封锁，青年 B 便请求群体另作安排。凭借着从业以来与群体老成员结交的友情，青年 B 终于获得了熟人的推荐，得以回到游客较多的广州塔西广场从业。

综上，小玲（M23）的例子和大学生 A、青年 B 的例子形成了鲜明的对比，体现了"内外有别的进入机制"。设置进入壁垒的目的是控制群体人数、保证成员收入、保障行规的有效性。通过亲人、老乡、朋友等熟人推荐的方法，新进入者要遵守行规，推荐人也要承担一定的连带责任，减少整体经营的不确定性，能够确保自组织群体的有序运行。

3.2.2　行规二：等差有序的成员管理

成员管理是非正规旅游摄影从业者群体的第二项行规，包括职业地位分配和经营位置分配两个方面，强调人员分工与能力相称、经营选址按年资分配的原则。

（1）人员分工跟能力相称。

在人员分工方面，在广州塔周边的非正规旅游摄影从业者群体的职业类型分布非常简单——非正规旅游摄影从业者和看守员。一般情况，熟人引荐制度下，群体的老成员会推荐能胜任摄影从业者的成员进入群体；个别情况下一些学习能力较差却急需谋生的老乡或亲人进入群体，群体成员也会尽可能为其安排工作，如打印机的看守员。看守员的工作非常简单，并不具有专业壁垒，只要在离广州塔 500 米远的地方看守打印机，避免其被偷窃或被城管没收即可，其余的人每月向其支付 10 元作为劳务费。

那栋楼（距离广州塔西广场 500 米处的一栋住宅）的楼下，所有的打印机就在那了。有人看守打印机，但是那个人一般比较老了。——M28

（2）经营选址按年资分配。

而在经营选址方面，非正规旅游摄影从业者群体看似流动、不固定的经营位置实际上隐藏了行规约束。观察与访谈资料显示，广州塔周边的非正规旅游摄影群体的内部结构被划分为三个圈层：核心、次核心、外围（表 3 - 2）。"胖子"（M09）、"王哥"（M14）等为核心人物，他们是该群体的首批成员，也是群体决策的制定者，往往具有发言权和号召力。在日常经营中，核心层往往占据了广州塔西广场中心处的极佳摄影点，客流密集，盈利极高。第二批进入者以及其他由熟人介绍进入的第三批成员，则处于次核心圈层。他们大多散布于广州塔西广场、东广场和地铁站出口、马路旁等地段，客流固定，多劳多得。而那些缺乏推荐人、企图谋求独立闯入的就业个体，如青年 B 等人，则被排挤到外围。迫于群体压力，他们只能在较为偏远的地段寻觅商机，客流并不稳定，并且大多数是季节性就业者，集中在春节、国庆节等节假日。

表 3 - 2　广州塔周边的非正规旅游摄影从业者群体的内部结构

圈层	核心	次核心	外围
分布	广州塔西广场中心处（全景拍照的极佳摄影点）	广州塔西广场、东广场、地铁站出口以及马路旁	珠江边（位于广州塔景区的马路对面）
规模	20 人左右（以胖子和王哥为核心人物）	70～80 人	20～30 人
人口特征	全为中青年男性	中青年男性居多，女性占比较小，男女比例约为 3 : 1	中青年较多，人员流动性较高，男女比例不稳定

（续上表）

圈层	核心	次核心	外围
从业时长	几乎都超过 5 年	大多超过 1 年	大多为季节性就业，从业时间只有几个月
工作特点	全职，全年经营；每天工作时间相对固定，一般为 12 个小时，从早上 11 点到晚上 11 点；占据广州塔西广场中心处的客流密集地和最佳摄影点，盈利高；能言善辩，担任集体决策者	全职为主，少数为兼职；工作时间灵活，一般为 8 到 14 个小时；游走在广州塔西广场、东广场和地铁站出口、马公路旁；收入不太固定，多劳多得	兼职为主，多为跟随进入者，季节性强，集中出现在春节、国庆节等客流高峰期；由于受到排挤，大多只能固定在江边，流动性弱，工作时间和工作收入视具体情况而定

资料来源：根据调研资料整理。

以上关于经营选址的结构分层实际上与 3.1.3 节"自治期"中提及的关系网络的结构相类似，这证明了该群体在人物关系和人物选址上的一致性。实际上，非正规旅游摄影从业者群体内部的人物关系隐藏着权力关系，进而间接约束了他们的经营选址。相对于其他行规，成员管理的规则显得更为隐性，很少体现在成员的言语中，而是更多地隐藏在他们的行为中。

3.2.3 行规三：互惠互利的内部合作

内部合作是非正规旅游摄影从业者群体的重要行规之一，也是集体行动的主要体现，目的在于营造一个互惠互利的经营环境，避免不必要的内部冲突。内部合作要求每一位非正规旅游摄影从业者都应具有集体主义精神，在经营的过程中以集体为先，如分享技能与技术、统一产品价格水平、维护和平的经营秩序、树立群体内部认同。

（1）分享技能与技术。

每一位新成员在加入以后都能接受相关技能的简单培训和教育，如揽客技术、摄影技术、打印技术等，这是一种约定俗成。一般来说，对于接受能力较强的中青年，其推荐人一般只需要向其推荐使用的设备，并传授简单的摄影技能和经营技巧即可；而对于接受能力较差的中老年妇女，其推荐人一般会叮嘱其购买相似型号的单反相机，然后帮忙将相机调校至简单的"白天—黑夜"模式，以便于她们操作。一旦相机发生故障，其他人也能够根据经验迅速帮其解决。对于其他经营设备，群体成员也不断追求更新并将其分享。

那些阿姨们只会调一下白天，调一下晚上。就说这个东西（单反相机）呀，它是从一到一百，五十以下它是白天拍的，五十以上它就是晚上拍的，就这么简单，她们只会这样。我们就可以随便调了，随便玩了。她们的话你就给她们调好，让她不要动，然后随便按一下（快门）就好了。——M09

（相纸）要换新品种了，我们就先拿一点货，先试一下看行不行，看这个相纸好不好，褪不褪色，不好的话我们都不用。如果好的话，又不褪色，我们就一起用这个。——M20

（2）统一产品价格水平。

价格的统一是另一种约定俗成。非正规旅游摄影从业者群体对照片价格都有一个明确的定价，根据照片的小、中、大型号定价为10元/张、20元/张、30元/张，具体价格可根据游客的实际需求量而作进一步调整。例如，如果一名游客一次性拍10张小型号照片，那么拍照者可以酌情降价，只收80元；或者酌情优惠，额外赠送游客2张照片。总的来说，非正规旅游摄影从业者坚持统一的定价，避免"打价格战"；但从商业的角度来看，合理的降价是被默许的，也是广泛存在的。

这个降价，就是别人都不说出来的。打个比方，如果你是游客，我给你拍照，本来是十块钱一张，但是我给你五块钱一张，我就会把你带到旁边。因为他们在那边照，我可以在这边照，你不说，我不说，别人不知道

的。大家心里都明白，只不过不说出来就行了。反正你赚你的，我赚我的，对不对?! ——M09

（3）维护和平的经营秩序。

另外，良性竞争也是非正规旅游摄影从业者群体的重要追求。广州塔的非正规旅游摄影从业者常常强调，他们并非"黑社会"，他们并不会恶性竞争，而是追求一种友好的良性竞争循环。其中，共享客源是良性竞争的重要表现之一。在日常营业中，非正规旅游摄影从业者会相互推荐顾客，做到互惠互利、有借有还。例如，M09 在揽客过程中发现游客有意拍照，但更倾向于光顾女性摄影者。于是，M09 就会向 M18 提示，让她上前揽客。揽客成功之后，M18 并没有忘记 M09 的帮助，于是会在类似的情况下主动向 M09 示意，将客人推荐给 M09。如此你来我往，M09 和 M18 形成了紧密的合作伙伴关系。

有时候我自己做不了这单，但是一看，还挺好的，就会叫别人去拉。就是说，有的靓女，她会找男的拍；男的，就会找女的拍。我也去拉男的。有的呢，他愿意给你拍；有的呢，他不愿意给你拍，他想找个靓女拍，所以说这个单我就做不了了，就会让他们去做。——M09

我们全都认识的。一起工作了好几年，大家都和平相处的嘛。竞争还是有的，但都是公平竞争，良性竞争，不会说好像是掺杂了黑社会成分之类的，不是那样子的。——M10

（4）树立群体内部认同。

最后，也是最为重要的一点，非正规旅游摄影从业者群体非常强调内部认同。这种认同往往是由老成员发出，通过言语和行为传递给新成员的。从广州塔建成开业至今，大部分的首批进入者在广州塔从事非正规旅游摄影超过十年。十年来他们见证了群体从 30 人发展到 100 多人的规模，经历了被驱赶到被默许经营的变化，因而形成了归属感和成就感，认为广州塔就是他们的"办公室"，旅游摄影就是他们的职业。其他新成员纵使没有强烈的归属感和忠诚感，但也能从老成员的潜移默化中感受并内化这种认同感。

> 这里就是一个圈子，这片土地是我们开拓的。——M10

综上，非正规旅游摄影从业者群体强调内部合作，营造融洽和谐的经营环境，形成对外保护屏障；同时能够改善群体的外部形象，并达到政府部门默许的效果。群体成员之间相互帮助、相互肯定、共享技术与客源，这些都是非正规旅游摄影从业者群体内部合作的具体表现，也是他们应该遵守的规则。

3.2.4 行规四：规避冲突的对外策略

对外策略是非正规旅游摄影从业者群体的第二项典型的集体行动。由于"非正规"的本质特征，非正规旅游摄影从业者往往面临来自政府、景区等组织的管制。为了应对外界，该群体主动与外部利益相关者建立良好的合作关系，从而在竞争环境中得以生存，而这也是该群体一直以来遵循的行规之一。经过了多年的经营，非正规旅游摄影从业者逐渐得到了城管的默许，得到了景区周边商铺业主以及游客的支持，在与景区发生利益冲突的情况下也能及时协调解决，形成了非正规就业者、政府、景区、正规就业者、游客等五方友好的对外策略。

（1）与城管达成合作。

非正规旅游摄影从业者群体的对外策略最早体现在与城管部门的关系上。从 2010 年被驱赶，到 2012 年定时定点的默许，到 2015 年的合作，以及现在的和谐状态，非正规旅游摄影从业者群体成功推进了与城管部门的友好合作。目前，非正规旅游摄影从业者群体与政府部门达成了"双赢"的合作策略。一方面，政府部门允许非正规旅游摄影从业者群体的经营活动。对于这种合作关系，非正规旅游摄影从业者往往会听从安排。另一方面，群体内部进一步规范成员行为，并服从城管部门的其他要求，如把摆放在电视台门口的打印机迁移到距离广州塔西广场 500 米远的住宅楼下，维护良好的经营秩序。

领导嫌我们的打印机不好看，所以让我们搬过去。这跟城管是没有关系的，城管怎么说呢，也是打工仔一个，那领导说这里放着不好看，那你有什么办法呢……你这里（电视台门口）摆得乱七八糟的，那也不好看呀。那我们就换个地方嘛，换个你看不到的地方嘛，反正就这样，毕竟大家都不容易。——M17

（2）与景区达成合作。

除了城管之外，非正规旅游摄影从业者群体非常关注与广州塔景区官方部门的合作策略，因为该部门同样关乎其能否获得一个安稳的经营环境。他们与广州塔景区的相互关系经历了"合作—竞争—共处"三个阶段。广州塔开业之初，景区对非正规旅游摄影从业者群体采取不排斥的态度并与其达成了共识，定期与一些有话语权的就业者开会，如"胖子"（M09）、"王哥"（M14）等。一般情况下，会议商讨一些有利于双方日常运作的约定：一是景区不驱赶；二是非正规旅游摄影从业者群体不扰乱，须做到保持良好的秩序、保证产品和服务质量、维护环境卫生等。2014 年10 月 1 日，广州塔开设官方摄影店，开始不让非正规旅游摄影从业者群体涉足东广场、西广场等区域，同时通过价格手段挤压非正规旅游摄影从业者群体的市场空间。在这场"摄影店风波"中，非正规旅游摄影从业者群体使用了口头、肢体等行为进行回击，但最后只落得"双输"的局面。此后，非正规旅游摄影从业者群体尽量在表面上保持与广州塔景区的和平共处。

但是相处了一段时间下来，也发现其实还是可以和平共处、互惠互助的。比如说，现在就可以很和谐地相处了嘛，你做你们的，我做我们的，对吧？你说让那里面的人（正规摄影店）出来，天天从地铁口跟着游客揽客，他们是不会干的。那我们就不一样了，我们是无所谓的，因为他们没有压力，但是我们是有压力的……大家和和气气的，我们也不要在这里惹

事，他们在管理上面也方便一点，然后大家都好相处一些嘛。就这样的。——M17

（3）与周边商铺互利。

周边商铺的互利也是非正规旅游摄影从业者群体重点关注的合作策略。在广州塔景区，正规就业者可划分为两种类型：一种是依托广州塔景区的商铺，如官方摄影店、古玩店、星巴克、电影城、旋转餐厅以及位于广场中心的驿站；另一种是距离广州塔 500 米左右的商铺群，多为食肆、便利店等满足游客基本需求的小商铺。后者在产品类型、产品档次上都迎合了非正规旅游摄影从业者的需求，能够为其所消费。同时，其位置距离广州塔景区适中，能够帮忙照看非正规旅游摄影从业者群体因为与城管"合作"而答应"外迁"的打印机。在与城管协商后，非正规旅游摄影从业者把打印机迁移到距离广州塔西广场 500 米远的住宅楼下，也就是前文提到的商铺群附近。为了获得帮助，非正规旅游摄影从业者从此频繁光顾这些商铺，与店主建立友好的关系，从而请求其帮忙照看迁移过来的打印机。由于潜在利益的交换，商铺店主都答应帮忙，为非正规旅游摄影从业者群体的打印机设备提供了一个相对安全的环境。

打印机不会被偷的，这里有士多店的老板看着。那些老板人很好的，都会帮我们看着的。因为我们都光顾他们的店，吃饭、饮水之类的，基本上我们都认识的。——M10

我们光顾他们（正规商铺），比方说买水、吃饭，他们就会帮忙看一下打印机，双赢呀。——M17

（4）贴心服务游客。

游客是非正规旅游摄影从业者特别关注的外部利益相关者之一，因为游客就是直接的经济来源。该群体非常强调顾客满意，不强制游客消费、不欺骗游客，并尽量满足游客的需求。只有营造与游客和谐相处的工作氛围，非正规旅游摄影从业者群体才能得以持续经营。以拉客为例，非正规旅游摄影从业者大多以温和的口吻揽客，不存在死缠现象。在这一点上，广州塔下的非正规旅游摄影从业者的确能够降低游客的心理防御，让其以商量的态度选择。另外，从细节来看，也可以体现非正规旅游摄影从业者对于顾客的尊重，如在收订金的行为中，非正规旅游摄影从业者群体会主动向顾客说明收取订金背后的原因，以获得顾客的理解。另外，关于电子照片的拷贝，这原来并不属于非正规旅游摄影从业者群体的职责，但是近年来他们积极学习相关技术，免费为游客发送电子版照片，其目的在于尽可能让顾客满意，提高重复购买率，并在一定程度上树立良好的口碑。

去年开始就有游客索要电子版（照片），说要用来发 QQ 空间、微信朋友圈。从那时开始我们就想办法，后来看到小屋（官方摄影店）那边通过邮箱把照片发给游客，我们也学着这样做了。——M12

你（顾客）开心，我们就开心，你们（顾客）就是上帝！——M17

3.2.5 行规五：自理盈亏的经营方式

自由、弹性是非正规旅游摄影从业者群体的重要特征，也是其潜在的重要行规。成员可以将非正规旅游摄影作为主业，也可以将其作为兼职副业，赚取额外收入；成员可以选择每天工作 14 个小时，也可以只工作 6 个小时，工作时间和工作强度非常弹性；成员与成员之间的经营彼此独立，多劳多得。综上，无论是工作形式、工作强度还是工作收入，非正规旅游摄影从业者都具有较大的自由度，这是他们的权利，也是默认的行规。

（1）收入多劳多得。

多劳多得是区别于传统工薪就业与自我就业的重要因素。一般情况下，非正规旅游摄影作为具有技术性的非正规就业形式，能够为就业者带来与个人劳动强度相匹配的收入。而在良性竞争的环境下，这种"多劳多得"的收入差距是被允许的。一般而言，非正规旅游摄影从业者群体的月均收入为 3 000~10 000 元，具体见表 3-3。若是巧遇春节、国庆节等旅游旺季，非正规旅游摄影从业者的月收入则会翻倍，收入最高可以达到约15 000 元。在这种多劳多得的收入体系中，非正规旅游摄影从业者群体会根据自身情况设定收入目标，并以此安排工作时间。

表 3-3　非正规旅游摄影从业者的月均收入等情况

收入水平	月均收入	工作强度
低收入	3 000 元左右	每月工作 20 天，每天工作 10 个小时
中等收入	5 000 元左右	每月工作 20 天，每天工作 14～15 个小时
高收入	8 000 元左右	每月只休息两三天，每天坚持工作 14 个小时以上

资料来源：根据访谈资料整理。

收入有差很多。就像我，我每天是十二点钟来。有的人可能是早上八点钟就来了，八点钟到晚上十一点。而我是十二点钟过来到晚上十一点，中间就相差好几个小时。四个小时也许可以做很多生意，也许做不到生意。这说不准。但是早来的还是比较好一点，早上外地游客比较多嘛。外地游客都是早点出来玩。他不像本地附近这一块的，睡到自然醒了才出来玩。外地人既然来到这里了，就会很早过来玩，对吧。——M09

三四千是大部分时候，但是有时候生意不好，一两千也有。为什么呢？有时候下雨了，天气不好了，游客不来了，我们也就不来了，所以就挣不到多少钱了。——M11

总的来说，多劳多得打破了传统工薪就业的平均主义，在利基市场（Nicho Market）中能够充分发挥就业者的主观能动性，给予非正规旅游摄影从业者获得高收入的机会。在不争抢客人、不恶性低价竞争的情况下，这种收入差距是被允许和鼓励的，因而成为保障就业者收入独立性的重要行规。

（2）劳动强度弹性。

区别于正规就业或者其他群体性非正规就业，非正规旅游摄影从业者群体允许群体成员自定劳动时间和劳动强度。这是一则有效保障就业者自由度的行规。绝大部分的非正规旅游摄影从业者表示，非正规就业形式赋予就业者更高的就业自主权，允许就业者选择符合自身需求和意愿的工作时间和工作强度，工作自由度高，工作压迫性弱。实际上，这种经营方式能够提高非正规旅游摄影从业者的就业满意度，并提高其就业黏着度。

> 挺好的呀，自由自在，不被约束。以目前的学历和工作经验来看，能找到的工作也只能是两三千的待遇了，还要被管着，还得受气。现在在这里普普通通都能赚到三四千，而且自由自在，多好呀。——M01

> 没有，不想干别的，这个自由一点嘛。想干了，我今天就来，不想干了，我今天就不来。我现在每个月工作 20 天左右吧，剩下 10 天左右，有时候跟别人去玩啦，买东西啦，有时候休息一下啦。——M14

（3）工作形式自定。

非正规旅游摄影从业者群体希望成员将非正规旅游摄影当作全职工作，从而较为准确地控制人数并方便管理。然而，这并非强制性要求。如上文所述，非正规旅游摄影从业者可以自主选择工作时间、工作强度，同样可以自由选择全职或兼职。在 150 人的群体中，全职与兼职的人数比例约为 3：2，也就是说 60% 的就业者为全职，而 40% 的就业者为兼职。

> 我们做玉器、翡翠，合成玉这些，就搞搞加工。我们就是年底放假、暑假人多的时候来嘛，平常的话也有人在这边，我老婆经常在这边，一年四季都在这里呀，今天没有出来，在家里休息。——M20

> 在这里（广州塔），凑上今年就五年了。亚运会的时候广州塔就建好了嘛，一开始我们就在这里了。——M10

然而，群体的重要人物，如"胖子"（M09）、"王哥"（M14），以及从广州塔开业就开始非正规旅游摄影就业的老成员，如 M06、M10、M20、M22 等，均是全职。他们组成了非正规旅游摄影从业者群体的核心人物，在"胖子"（M09）、"王哥"（M14）等人的领导下，构建并执行行规，形成了潜在的、具有权威的行业规范。其余的兼职者，部分是利用周末时间前来兼职赚取业余收入，部分则是在空闲时前来顶替亲人岗位，其中 M20

就是典型的例子。无论是全职还是兼职，他们可以自由选择个人的工作形式，而且可以自由转变。

3.3 监督机制

在非正规旅游摄影从业者群体的自组织过程中，自我管理需要依赖一套严谨且强而有力的监督机制，使群体内部成员的行为高度可测，以落实自我管理规范，使人不敢违规。由于"行规"是非正规旅游摄影从业者群体自发制定的，监督机制也是群体成员自发执行的。监督方法可以分为正面监督和反面监督，也就是激励和惩罚。在自组织群体中，激励更多体现在对群体地位的补偿以及由群体地位补偿所带来的经营位置的转移；而惩罚往往是通过社会关系所附带的群体压力来督促群体成员做正确的、合群的事情，也就是所谓的负筛选激励机制。

3.3.1 惩罚机制

惩罚是针对违规行为的监督。在非正规旅游摄影从业者群体的自组织过程中，仲裁者往往并非权力机构，而是评判双方都信任的第三方，而他一般也处于该自组织群体中。一般而言，"胖子"（M09）、"王哥"（M14）等对群体有突出贡献的德高望重者在群体中充当评判者的角色。惩罚主要分为三种：驱赶、排挤、思想教育。通常情况下，惩罚的类型并非取决于群体成员的行为，而是更多取决于其与群体其他成员的关系强度。

（1）驱赶。

驱赶一般是针对"生人"而实施的，如早期恳求加入的大学生 A，以及后期试图闯进的青年 C。以大学生 A 为例，他缺乏群体内部的熟人关系，违反了"内外有别的进入机制""互惠互利的内部合作"两项行规，因而受到了驱赶惩罚。大学生 A 与其他群体成员并不存在强关系，只是通过恳求"胖子"（M09）、"王哥"（M14）等关键人物而获得加入机会，并答应遵守不争客、不打架、共享客源、爱护环境等基本经营规矩。群体对大学生 A 的豁免是出于同情，而非基于熟人关系，所以当大学生 A 有违反群体规矩、见利忘义的行为时，群体成员毫不留情地对大学生 A 进行驱赶，把租借给其的相册、打印机等经营设备都收回，并口头警告，要求其离开。对此，"王哥"（M14）认为，对大学生 A 的驱赶一来能够及时对违反规矩的成员作出惩罚，二来能够在规矩建立的初期发挥示范效应，提醒其他成员要在新成员进入方面严格把关，否则将面对同样的驱赶。

另外，青年 C 同样缺乏群体内部的熟人关系，且违反了"内外有别的进入机制"，因而受到群体的驱赶。青年 C 在没有任何熟人关系的情况下，试图进入广州塔周边的旅游摄影从业者群体，也是以"被驱赶"告终。青年 C 起初在珠江边经营，后来了解到广州塔的游客更多，经营利润更可观，便企图进入。面对新成员不守规矩的闯入，"胖子"（M09）、"王哥"（M14）等人则主动上前驱赶，要求其离开。在此情况下，青年 C 只好选择遵守规矩，接受惩罚，离开非正规旅游摄影从业者群体。

他当初就在这里照相呀，我们也在照，所以就跟他说一下我们已经饱和了，已经满了，人已经太多了，你要是进来的话大家都赚不到钱了，就是这样跟他说一下。他也干这一行，他也懂规矩呀。他到别人的地方，别人这样跟他说；别人到他的地方，他也这样跟别人说的呀。所以他懂规矩的。——M12

总的来说，驱赶是非正规旅游摄影从业者群体最高级别的、最为彻底的惩罚手段，且一般用于缺乏人脉的新成员或者不符合进入门槛的成员。对于他们，非正规旅游摄影从业者群体一般选择直接驱赶，以降低成员行为的不可预测性，同时可以合理地控制群体规模，保证每一位成员的利润空间。一开始，驱赶一般由"胖子"（M09）、"王哥"（M14）等人执行。后来，每一位群体成员都有权对外来者进行驱赶，体现了全员监督的监督机制。

（2）排挤。

相对于驱赶，排挤的惩罚力度较低，且往往伴随着冷暴力。排挤的惩罚对象可以是社会关系较弱的新成员，如青年 B；或是部分严重违反规矩的老成员，如 M15 在"摄影店风波"中没有加入集体反抗的行列而被疏远。群体成员有可能通过口头警告、争抢客人等直接的方式排挤某成员，也有可能仅仅是通过疏远、冷落的方式进行排挤。这取决于当时的情境以及被排挤人的身份。排挤惩罚与 Klein 提出的"负激励筛选"的惩罚机制有异曲同工之妙[77]，集体行动中的不合群行为必然会引来其他成员的谴责。

以青年 B 为案例，他与大学生 A 的情况相似，缺乏熟人关系，不符合"内外有别的进入机制"，理应受到驱赶。而区别在于，青年 B 非常坚持且愿意接受群体的其他行规，并听从群体成员的安排。因此，"胖子"（M09）等人只好口头警告青年 B，让他到马路对面的珠江边经营。珠江边的游客较少，生意比较冷清，加上该位置因为修建有轨电车而常年被封锁，青年 B 名义上被非正规旅游摄影从业者群体接纳，但实际上是被排挤和被边缘化。然而，这种排挤是可以解除的。随后青年 B 开始与群体的老成员结交友情，获得与群体成员的强关系，便在熟人的引荐之下，获得了在广州塔西广场经营的权利。

而 M15 的案例则是一种冷暴力的惩罚。M15 是群体的老成员，但因曾违反了行规，因而受到了群体其他成员的排挤和冷落。

那时候大家都有点瞧不起我，觉得我太懦弱了，所以我必须得做点成绩出来才能继续在这（广州塔景区）混下去的，不然，大家都冷落你，给你脸色看，待下去也没意思的。——M15

M15 的案例体现了"若不遵守规矩，则面临淘汰"的规则，犹如青木昌彦在《比较制度分析》中提及的"村八分"制度[69]。M15 作为群体的核心人物，更容易受到这种潜在制度的威胁。迫于群体舆论压力，M15 不得不通过合作的态度来进行补救，进而被群体成员重接接纳和信任。

（3）思想教育。

思想教育是比较缓和且比较常见的一种惩罚方式，主要面向群体成员，通过苛责、指正、教育的方式来解决。其中，M11 在城管通知撤场后因继续经营而受到其他成员苛责的案例非常典型。

M11 作为群体的老成员，违反了"规避冲突的对外策略"中"与城管达成合作"一项行规，最终受到了群体成员的思想教育惩罚。非正规旅游摄影从业者群体一贯秉承着与外部利益相关者保持良好关系的对外原则。因此，当城管通知该群体暂停营业时，群体成员必须听从城管安排，歇业一天。偶然的一次，M11 抱着侥幸心理违反了规则，在城管通知停止营业后继续营业，打印机因而被没收。

上次我的打印机被一个城管拿走了，我想拿回来，他就跟我说等几天吧。但是我实在是等着用呀，所以交了两百块钱罚款，他就把打印机给我拿回来了。拿回来以后，大家都开始说我，说我破坏规矩，差点惹城管生气。自此以后，我再也不敢这样了。——M11

违反规矩以后，M11 被城管部门罚款，同时被群体其他成员谴责，因为 M11 的行为很有可能破坏非正规旅游摄影从业者群体与城管部门的合作，导致关系破裂，他们的经营可能因此不再得到城管默许，经营难度大大增加。但考虑到 M11 只是初犯，而且并没有引起严重的恶果，"胖子"（M09）、"王哥"（M14）等人只好对其进行思想教育，以防止类似的事情再次发生。

实际上，思想教育既是群体成员违反"行规"后的惩罚方式，也是群体成员学习"行规"的环节，还是"行规"传播、深化、固化的重要过程。在教育的过程中，"行规"得以具体化，并通过事例更好地将"行规"的内容、约束条件、约束范围再次展现，使得教育与被教育双方更好地了解"行规"的内容，从而更好地执行。

3.3.2 奖励机制

奖励是惩罚的反面，它通过激励形成监督。在非正规旅游摄影从业者群体中，奖励主要针对那些遵守行规并对群体作出贡献的群体成员。区别于传统工薪就业的激励制度，如奖金、福利等，非正规旅游摄影从业群体的激励更为强调非物质奖励,如地位补偿、位置优势等。诚如 3.2.2 节"等差有序的成员管理"中提到,群体中的社会地位和经营位置之间存在着一致性,故此这两种类型的奖励并非完全独立的,而是相辅相成的。

(1) 地位补偿。

在非正规旅游摄影从业者群体中,老成员往往非常乐意向新成员分享经验,如摄影设备、摄影技术、经营技巧等,努力解答新成员的疑惑并让其尽快融入新的工作环境。另外,老成员也会主动承担代理人的角色,在群体面临困境的时候,主动出谋划策并付诸实践,为群体争取一个平和、稳定的经营环境。作为回报,新成员并不会直接馈之以金钱,而是通过宣扬、尊重、服从等方式提高该老成员在群体中的声望与地位,其中"胖子"(M09)和"王哥"(M14)是非常典型的例子。

以"胖子"(M09)为例,他作为群体中第一批进入的中青年,拥有高超的摄影技术并非常乐意与其他人分享。对于接受能力强的新成员,M09 一般只需要向其推荐设备型号及简单的摄影技巧即可;对于接受能力较差的群体,M09 会让其购买相同型号的相机,然后帮忙把相机调至简单的"白天—黑夜"模式,并手把手教学,以确保他们能够准确操作。另外,其他成员面临摄影技术上的难题时,也会主动向 M09 寻求帮助,如M23 在使用相机的过程中遇到了困难,便主动向 M09 请教。M09 作为技术能人的形象深入人心,深得其他群体成员的尊重。

实在不行(不会用单反),就问问那边的哥哥(M09),他一般都很愿意教我们,我们都知道的。——M23

"王哥"(M14)同样是首批进入的中年摄影者,社会经验丰富、意见独到、处事果断。2013 年以前,城管对于广州塔周边的非正规旅游摄影从业者群体持否定态度,偶尔会使用运动型治理对该群体进行驱赶。为了群体的权益,M14 主动发起了上书活动,撰写了一封请求信,号召每一位成员签名,最后把请求信递给广州市人民政府,要求予以经营许可。M14 在此事件中主动担任群体领导人一职,从此奠定了其在群体中的领导地位。

其他成员都称其为"王哥"，以表示对其地位的肯定和尊重。联名上书获得了良好的效果，自此 M14 在非正规旅游摄影从业者群体中的声望得以巩固，话语权也得以提升。

自此以后，"胖子"（M09）、"王哥"（M14）在群体中的领导地位得以固化。他们在群体经营的过程中趋向于分享经验，同时主动为群体出谋划策，解决难题。这样一方面能够显示其个人能力，另一方面也能提高个人在自组织群体中的声誉与地位，为未来的发展奠定基础。这与青木昌彦所提出的"社会地位补偿"相类似[69]，但更为强调群体内部地位的提升。在群体地位得以巩固后，"胖子"（M09）、"王哥"（M14）等人一方面充当群体头目，提供内部决策并解决内部矛盾；另一方面担任代理人，充当群体与外部利益相关者（如景区）之间的沟通桥梁，传达重要信息并进行反馈。

（2）位置优势。

如前文所述，广州塔的非正规旅游摄影从业者群体的经营位置可以划分为三个层次：核心、次核心、外围。而自组织的另一种奖励制度则是给予经营位置的优势，其中 M21 和青年 B 的案例非常典型。

对于"胖子"（M09）、"王哥"（M14）等群体头目而言，一来因为年资较老，二来因为曾为群体作出突出贡献，所以群体地位高，理所当然地占据了广州塔的中心位置。其他由熟人推荐的新成员一般从次核心开始经营，如地铁口或者广州塔东广场等地方。然而，他们的位置并非一成不变的，而是可以不断调整的。例如，M21 作为一名年轻的新成员尝试了不同类型的新相纸，并主动向群体成员推荐品质较好的新品种。经过多人验证，大家开始提议一起更换成 M21 所提倡的相纸类型。那么在这个提议的过程中，作为常年游走于次中心的普通成员，M21 获得了与群体核心成员密切交流的机会，不断向中心位置靠拢，并被大家接受。

而那些没有熟人推荐的新成员，如前文提及的青年 B 只能从外围开始非正规旅游摄影经营。刚来到广州塔从事非正规旅游摄影经营时，青年 B 并不具有熟人关系，所以被群体成员排挤，只能在外围的珠江边经营。经营期间，青年 B 听从群体的安排，不涉足广州塔的中心和次中心位置，给部分老成员留下了好印象。同时，青年 B 尝试与这些老成员结交为朋友，目的在于获得熟人关系。后来，青年 B 由于一直遵守"行规"并获得了熟人的推荐，获得了在次核心圈层经营的权利，真正融入了非正规旅游摄影从业者群体。于青年 B 而言，经营位置不断往中心靠拢，就是一种奖励。

总的来说，位置决定经营。故此，经营位置不断向中心位置靠拢，对非正规旅游摄影从业者群体的成员而言，就是一种最直接的奖励。这种奖励有利于他们在经营位置上获得优势，从而争取更大的利润空间。

3.4 本章小结

3.4.1 自组织的过程特征

正如罗家德所提出的，自组织的形成需要经历一个过程[25]。从动员，到规模化，再形成自治，建立一套完善的非正式行规和监督机制，广州塔周边的非正规旅游摄影从业者群体的自组织经历了多年的发展与过渡（见图 3-2），逐步形成了以下特点：

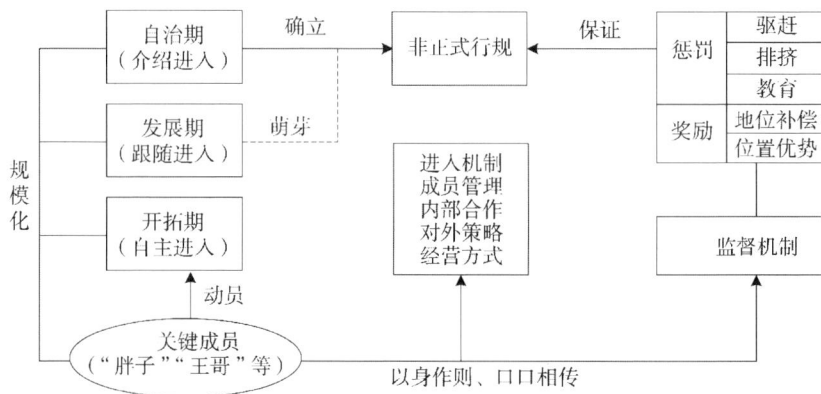

图 3-2　非正规旅游摄影从业者群体的自组织特点

第一，非正式行规由"胖子""王哥"等关键成员提出，以身作则、潜移默化、口口相传。非正式行规，也就是群体所强调的"行规"，是自发的、不成文的，所以它必然伴随着传播难、考核难的特点。于是，"胖子"（M09）和"王哥"（M14）等核心人物成了"行规"的发起人。他们率先口头提倡建立进入壁垒，然后这种"熟人带熟人""老乡带老乡"的进入机制被肯定，言传身教成了群体始终遵循的原则之一。"胖子"（M09）和"王哥"（M14）等人以身作则，向新进入者传授摄影技术，必要时向其他人推荐客人，树立互惠互助的好榜样。面对外来者抢占地盘和生意时，"胖子"（M09）和"王哥"（M14）等人会主动对其口头警告，要求其离开；面对来自政府与景区的压力时，"胖子"（M09）和"王哥"（M14）等人也主动担任群体领导人、代理人的角色，与对方协商。总的来说，非正规旅游摄影从业者群体的自我管理"行规"以"胖子"（M09）和"王哥"（M14）等人为中心。他们通过言传身教的方式不断将"行规"复制、传播，并在一次又一次的实践中使其得以固化。

第二，非正式行规在内容上具有重经营、轻职能的倾向。经历了6年的经营运作，广州塔周边的非正规旅游摄影从业者群体已经形成了一套涉及面广、认同度高的自我管理"行规"。"行规"可以划分为5个维度，涉及进入机制、成员管理、内部合作、对外策略、经营方式。从强调的人数来看，进入机制、内部合作、对外策略最多；而从强调的次数来看，同样是进入机制、内部合作、对外策略最多，具体见表3-4。总的来说，非正规旅游摄影从业者关注与日常经营密切相关的"规矩"，如控制人数保证群体收益，强调合作保障良性运作，维护外部关系避免不必要的冲突；而内部角色分配、经营方式选择等涉及职能管理的规矩，则相对不被重视。实际上，这种重经营、轻职能的管理方式，恰好迎合了这一群体的"非正规性"。他们的自我管理并非为了权利和势力，而是更多源自对稳定的经营环境的渴求。在充满约束的边缘空间中，只有获得经营的稳定，才能获得生存的稳定。

表3-4　强调非正式"行规"的人数和次数

内容	人数	次数
内外有别的进入机制	13	54
等差有序的成员管理	8	13
互惠互利的内部合作	19	75
规避冲突的对外策略	15	80
自理盈亏的经营方式	9	34
合计	64	256

资料来源：根据调研资料整理。

第三，非正式"行规"在形式上具有隐形的、不成文的特征。广州塔下的非正规旅游摄影从业者，特别是超过3年的从业者，经常把"这是行规，大家都懂的"当作口头禅，并常常用"行规"来应对外来者的疑惑与不解。面对一些原则性的问题时，他们很少会详细解释其中的利益冲突关系。相反，他们往往会用"行规"去概括事情的原因及应有的解决方法。例如，当提及外来者被警告之后选择离开的原因时，M12会用"他懂规矩呀，他也干这一行，他也懂规矩呀"来描述。这里的"规矩"就相当于"行规"，其实际意义就是"内外有别的进入机制"，外来进入者无法轻易成为群体的一分子，所以选择离开。"行规"并没有明文规定，而是更像江湖社会中的"江湖规矩"，是一种潜在的、隐形的、不成文的规定。因此，"行规"是一个很广泛的概念，它在不同的情景下能够转换成不同的约束，并涵盖进入门槛、成员管理、经营管理等方面。

第四，非正式行规是一套规训条例，管理效果强而有力。从目前广州塔周边的非正规旅游摄影从业者群体的日常运作可以看出，他们是一个高度自律的群体——严格遵守熟人引荐的进入方式、禁止内部恶性竞争、禁止挑衅外部利益相关者、强调互惠互助等。因此，纵使群体规模不断壮大、内部管理难度不断增大，依然能有序运作。原因在于：非正式行规虽然由"胖子""王哥"等人提出，但是全员参与、全员监督，约束力较强；非正式行规虽然不成文、难考核，但是深入人心、效果明显。

3.4.2 自组织的案例特点

广州塔周边的非正规旅游摄影从业者群体的自组织过程经历了形成、规训、监督三个经典步骤，是典型的自组织本土化案例。然而，区别于乡村社区、行业协会等传统领域的自组织模式[40,41]，广州塔周边非正规旅游摄影从业者群体的自组织是一个特殊的群体，在特定的场所，基于乡缘网络而自发形成的自治行为，更为强调非正规、空间与网络特征。广州塔作为广州城市新地标，集聚着高频密集的游客流和资金流，极易产生新的市场需求，衍生新的就业。非正规旅游摄影是其中一项典型的衍生就业。它依托广州塔周边的游憩场所而形成了一个有界限的就业空间。实际上，这样的空间是公共空间和从业空间的双重叠加，是非正规旅游摄影从业者群体发展壮大并形成自组织的土壤。然而，就业的"非正规性"导致了就业空间的"非正规性"，使其具有缝隙空间的特征[166]。在不被官方认可的情况下，这样的社会空间以及空间所承载的行动更需要关系、网络等社会资本作为保障。

由此可见，广州塔周边的非正规旅游摄影从业者群体的自组织过程具有强烈的空间特征和社会网络特性。因此，笔者将在"城市旅游非正规群体自组织的空间环境"一章中重点分析非正规旅游摄影从业者群体在自组织过程中的空间元素，探讨空间演化、空间特征及空间社会属性等多项内容。在"城市旅游非正规群体自组织的社会网络"一章，笔者将重点分析内部网络、外部网络以及关键人物是如何保障自组织的演化的，同时挖掘关系网络背后的支撑体系。而在"城市旅游非正规群体自组织的效果表现"一章，笔者将尝试分析自组织的典型议题——合作与共享的自组织效果，探讨在特殊社会空间和社会关系的作用之下，自组织过程中的集体行动特征。

4 城市旅游非正规群体自组织的空间环境

本章重点讨论城市旅游非正规群体的空间环境变化和特征。广州塔作为中国第一高塔，定位以观光旅游为主，兼容广播电视发射功能，是广州重要的地标性建筑。广州塔距离珠江南岸125米，与珠江新城、花城广场、海心沙岛隔江相望，景区分布密集。广州塔以"高景"和"夜景"著称，如"小蛮腰"般的塔身闪耀着不同的色彩，吸引了来自国内五湖四海乃至世界各地的游客前来观赏。每年的1、2月，广州市人民政府都会举办一年一度的灯光节，以广州塔为中心，以珠江两岸和新中轴线夜景为背景，联动花城广场现场音乐上演大型城市灯光表演。如此看来，广州塔作为广州最热门的景区景点之一，能够聚集高频的游客流和资金流，极易衍生新的就业空间。

据中国报道网统计，2018年广州塔景区共接待游客230万人次，营业收入6.27亿元，客流及收入均创历史新高。广州塔是广州市接待游客人数前十的景区之一，具体见表4-1。2018年中国品牌旅游景区榜中，广州塔荣获"人民喜爱的中国地标景区"。另外从百度指数来看，广州塔景区在网络上的搜索热度比珠江、越秀山、陈家祠、白云山等景区明显要高，这表明广州塔是目前广州非常热门的旅游景区。

表4-1 2018年广州市接待游客人数前十景区分布

所在行政区域	数量	景区名称
番禺	4	长隆旅游度假区、广东科学中心、莲花山旅游区、宝墨园
越秀	2	广州动物园、广州海洋馆
海珠	1	广州塔景区

（续上表）

所在行政区域	数量	景区名称
白云	1	白云山风景名胜区
黄埔	1	南海神庙
荔湾	1	陈家祠

资料来源：广州市文化广电旅游局《2018 年广州旅游大数据报告》。

广州塔景区设有一片广阔的公共空间，以东广场、西广场、珠江边等地带为主要游憩场所，游客可以在此歇脚休息或者拍照娱乐，而该场所也为非正规旅游摄影从业者提供了就业的可能。首先，广州塔塔身主体高450 米，天线桅杆高 150 米，总高度 600 米，因而普通相机或者手机难以拍下广州塔的全景；其次，广州塔的夜景比日景绚丽丰富，从而对游客的拍照设备和拍照技术有更高的要求；最后，游客自带设备无法满足拍摄愿望，且不能及时拿到纸质相片，失去游览仪式感等。在此情况下，游客大多愿意消费 10～20 元来获取一张相对专业的、即拍即拿的广州塔全景照。故此，广州塔的"高景""夜景"的景点特色为非正规旅游摄影行业提供了充分且必要的条件。一方面，广州塔景区为非正规旅游摄影从业者群体提供了一个极具发展潜能的、具有资产专用性的就业空间；而另一方面，非正规旅游摄影从业者必须依附于广州塔的"高景""夜景"而生，表现出一种景区依赖性和黏着性的空间特征。这种依赖性和黏着性使以非正规就业为生产关系的非正规空间不断生长、扩张。

4.1 非正规空间的生成发展

意大利谚语：罗马并非一日建成。中国谚语：冰冻三尺非一日之寒。因此，广州塔周边的非正规旅游摄影从业者从混乱、粗放、松散、无组织的散兵游勇演进为具有复杂有序结构的群体证明了历时性的必要。在这种长期调节的过程中，自组织机制通过时序化建构空间秩序，并激发更多

"非正式过程、偶发事件和随机行为"[81]，使空间知识不断得到丰富，从而越来越接近一个复杂的自适应系统。回顾过去的发展，广州塔周边的非正规旅游摄影从业者群体的空间演变并非如非正规移民人居或城中村等非正规空间那般复杂多变[167]，它更多地体现为该群体在实现群体自组织过程中的空间占领、争夺和"就地规范化"过程，具有渐进性、适应性、稳定性。

4.1.1　非正规就业者的空间占领与群体内分配

2010 年底，广州塔建成开业，非正规旅游摄影从业者群体来到广州塔，开始非正规就业。然而，刚开业的广州塔东、西广场是一个被铁丝网围起来的半封闭区域。虽然东、西广场所在的公共空间允许游客以及其他人群自由出入，但是对于非正规旅游摄影从业者群体而言，这样的公共空间却是"不安全"的空间。再加上亚运会期间的城管管制较为严格，以及游客们更倾向于在铁丝网之外活动，导致了非正规旅游摄影群体一般游走于广州塔东、西广场之外，见图 4-1。这一时期，非正规旅游摄影从业者群体仅涉足广州塔景区的外围区域，且呈现较高的流动性，没有明显的新型空间产生。

　　刚开始的时候没有这么多的，游客也没有这么多呀。那时候的设施没有现在这么好的，也没有现在这么完善的。以前广州塔周边都用这种（指着附近的铁丝网）铁丝网围着。也就是以前这个广场不是这样子的，广场是用这些铁丝网围着，我们只能在外面走走。我们都不进去的，因为里面根本就没有游客在，所以以前这里是没有这么热闹的。——M10

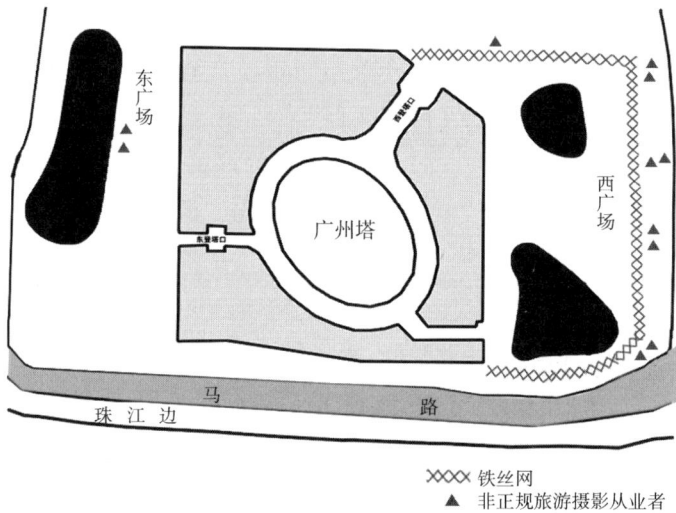

图4-1　2010—2011年5月非正规旅游摄影从业者群体的空间分布

　　直到半年后，也就是2011年6月，广州塔景区拆除围绕东、西广场的铁丝网，从而形成一大片游憩区域，包括东广场、西广场、地铁站区域以及马路对面的珠江边区域。对非正规旅游摄影从业者群体而言，由于空间开始变得开放且广阔，广州塔景区的游憩区域的"不安全性"逐渐降低，非正规旅游摄影从业者不断开拓广州塔的从业空间，形成了上文提及的"开拓期"。

　　随着游客的增加以及新成员的不断加入，非正规旅游摄影从业者群体开始频繁地游走于广州塔的东、西广场等人流密集的游憩区域，非正规从业空间的雏形渐露（见图4-2）。直到2013年，非正规旅游摄影从业者群体进入"发展期"。群体联名上书广州市人民政府要求减少城管管制，并与值班的城管协商。两次行动都获得了成功，非正规旅游摄影从业者群体获得了有时空限制的从业空间，经营活动更为频繁，非正规从业空间得以固化。

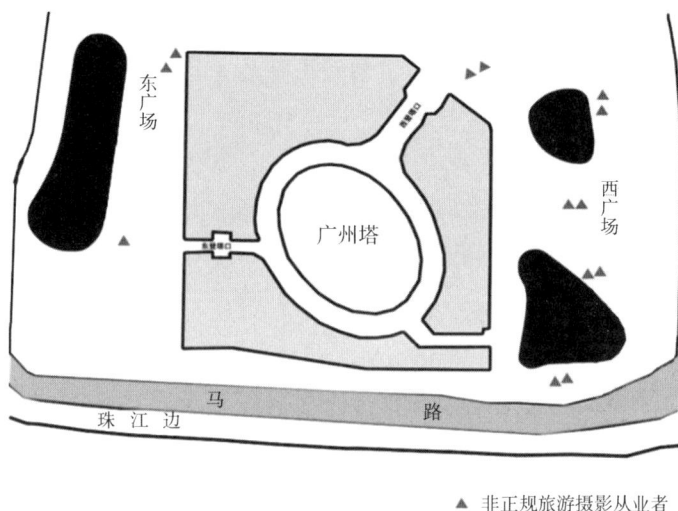

▲ 非正规旅游摄影从业者

图 4 - 2　2011 年 6 月至 2013 年非正规旅游摄影从业者的空间分布

　　2014 年初，非正规旅游摄影从业者群体进入了"自治期"。自治期间，群体成员明确指出从业空间的排他性，在群体内设置"内外有别的进入机制"，同时要求成员管理需要遵循"等差有序"的原则，并以此来分配和再分配空间资源。一方面，由亲人、朋友、老乡以及其他具有密切关系的熟人引荐进入，但会在群体饱和的时候形成进入壁垒。因为市场需求的增长有限，每增加一位新进入者，就会分割其他成员的利益。另一方面，由年资、能力和贡献大小形成等差有序的经营位置分配。以"胖子""王哥"等人为主的核心成员是资源发现者和首批进入者，也是群体规则的制定者，具有发言权和号召力。他们的经营位置是西广场中心处的最佳区域。第二批进入者以及其他由熟人介绍进入的第三批成员主要散布于广州塔西广场、东广场、地铁站出口和马路旁等地段。而那些缺乏推荐人、企图独立闯入的就业个体，则处于广州塔景区外围。此时，新的从业空间臻于成熟，并将伴随着非正规旅游摄影从业者群体的自组织发展而不断完善和调整。

　　这里是一个圈子，这个地方是我们开拓的……一般你是熟人介绍来的，都是可以的。没有熟人带过来的话，一般都是不让你做（拍照）的。如果你也来，他也来，这不就乱了吗？你自己开拓的土地，都守在这里这么长时间，这些都是讲优先权的嘛。——M10

　　这样的空间分配方式主要遵循着古老的社会网络关系，避免了新人进入和利益分配可能发生的冲突。但这种和谐状态并不是永恒不变的，因为总会有社会网络关系外的新人闯入，也会有对现有利益分配感到不均的成员。作为群体核心的"胖子""王哥"等本着避免冲突的原则来管理冲突，提前抑制冲突发生。他们有时允许没有任何社会网络关系的新人加入，但也需要新进入者遵循群体规则。同时，他们制定奖惩措施对群体成员空间资源进行动态再分配。M21作为一名年轻的新成员，主动尝试并向其他成员推荐了物美价廉的新相纸，为群体成员节约了成本，因而得到经营位置向中心靠拢的奖励。在非正规就业群体与景区和城管部门的沟通中，有个体表现积极，并配合核心人员为群体争取经营利益，其贡献得到了群体成员的普遍认可，也会得到经营位置向中心靠拢的奖励。而不遵守规则任意向上一层区域跨越或与城管发生不必要冲突导致整个群体利益受到损害的成员，就会面临经营位置往外围移动的惩罚。

　　从发展历程可以看出，非正规从业空间的占领过程是一个从外围渗入核心、从低频活动指向高频活动，且从开放转向封闭的空间占领过程。这个过程是非正规从业空间生成的第一个阶段，它为群体的自组织行为提供了空间载体。同时，非正规就业群体的空间资源在社会网络和贡献大小的规则下得到分配与再分配，即非正规就业群体的从业空间随着自组织系统的发展而不断变化，最终达到自适应的状态。

4.1.2　城管部门对非正规就业者的空间规范化

　　在中国，城管部门的主要职责有法律法规规定的规范市容和环境卫生、城市绿化管理、工商行政管理等9个方面的行政执法权。相应地，广泛存在的摆摊设点、占道经营、无证经营、环境污染等共性问题的非正规就业者是城管部门的主要管理和处罚对象。从2010年亚运会期间的严格管制，到 2013 年与非正规旅游摄影从业者群体达成的定时定点的不管制，政府部门最终选择一种类似"空间就地规范"[116]的方式默许非正规旅游摄影从业者群体的经营活动。城管部门在广州塔景区倾向于选择一种"疏"的方案，即由政府主导、多方利益相关者协调的管治模式。这种管治模式以公共部门和私人部门为共同主体，强调利益相关者之间的协调和互动，目的是使得利益矛盾得以调和[168]。

2014 年，城管部门与非正规旅游摄影从业者群体建立不成文的合作关系。一方面，城管部门允许非正规旅游摄影从业者群体的经营活动；而另一方面，非正规旅游摄影从业者群体接受城管部门简单的"就地规范化"方案。"就地规范化"方案要求非正规旅游摄影从业者群体把摆放在广州塔广场草丛和电视台门口（广州塔西广场马路对面）的打印机迁移到距离广州塔西广场 500 米远的住宅楼下，以维持景区及周边的整洁形象。同时，非正规旅游摄影从业者的自行车不能乱摆放，要在划定的区域整齐摆放。而对于非正规旅游摄影从业者的经营范围，城管部门不作干预。

对于并不过分的安排，非正规旅游摄影从业者群体选择服从。这样一种"就地规范化"的政府管理模式，它依托原有的自发形成的从业空间建立，只对不合理的细节进行调整和安排，使非正规旅游摄影从业者群体原有的就业关系和社会网络得以维持。与此同时，这种"就地规范化"模式是政府管理的结果，得到城管部门有时限的默许和有条件的保障，因而具有稳定性。总体来看，非正规就业者得到了城管部门定时定点的不管制优惠。同时，非正规就业者为维护来之不易的经营环境，制定了群体规则来约束成员行为，并配合城管人员工作，如由不注重环境卫生到积极维护广场环境卫生，对于违反或不听从安排的成员进行训斥等。这样，城管部门减少了对非正规从业者的频繁管制，有助于维护城管部门的形象，并能够减少一定的行政支出。在空间上，"就地规范化"政策为非正规从业空间的调整提供了支持，在某种程度上优化了非正规从业空间。

4.2 非正规空间的空间特征

4.2.1 形态结构化

非正规旅游摄影从业者群体的自组织，是在变异、优胜劣汰及与利益相关者相互冲突与协商的作用下，不断自我完善组织构造和运转形式的过程。这个自组织过程并非随心所欲地创造，而是充分利用原有空间特点，与附近区域积极关联而形成一个有机的整体[169]。而在广州塔景区，非正规旅游摄影从业者群体的非正规从业空间呈现了整体镶嵌、内部分层的结构化形态。

非正规旅游摄影从业者群体依托广州塔而存在，并没有固定的经营摊位，而是随身携带摄影设备游走于广州塔景区的东广场、西广场、地铁出入口、景区对面的珠江沿岸等游客密集地带，在正规商店和竞争对手（官方摄影店）的铺位中寻找缝隙空间进行揽客和经营，呈现一种不规则、镶嵌状的群体空间形态[170]。而在这个不规则的、镶嵌状的经营场所中，非正规旅游摄影从业者群体的分布更出现了热点和冷点，形成了等级空间。因为西广场具有极佳的广州塔全景摄影位置，所以一直以来西广场以及地铁站至西广场的路段是摄影需求最旺盛的地带，也是非正规旅游摄影者最为密集的地方，一般会有 50~60 人，旺季更可能有 80 人左右，成为非正规旅游摄影的热点地带。而广州塔的东广场实际上是广州塔景区的停车场，仅有少数游客会驻足并停留，因此非正规旅游摄影者也相对较少，一般只有 5~10 人，旺季高达 20 人，是非正规旅游摄影的冷点地带之一。另外，广州塔马路对面的珠江沿岸也有少数非正规旅游摄影者驻守，但因为远离广州塔主景区，而且拍摄角度一般，所以游客较少，是非正规旅游摄影的冷点地带，具体如图 4-3 所示。

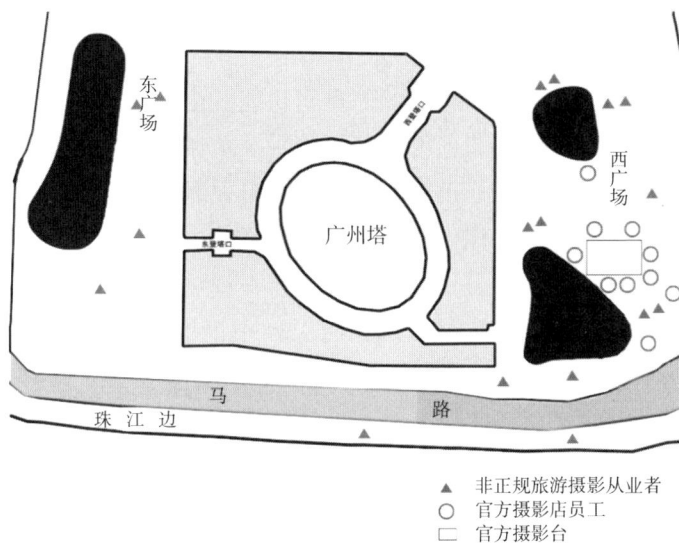

图 4 - 3 非正规旅游摄影从业者空间分布的"热点—冷点"

故此，广州塔周边的非正规空间有一套以西广场为中心而不断往外扩散的空间模式。这种非正规空间具有等级性，不仅体现在行动者的密度分布，而且体现在行动者的权利分配和话语分配，体现了边缘群体的二次分化[170]。正如3.2.2节"等差有序的成员管理"，西广场上的非正规旅游摄影者一般是年资较长的首批进入者，如"胖子"（M09）和"王哥"（M14）等人。他们是非正规摄影群体的核心人物和元老，具有领导力和决定权，因此能够在经营场所中占据较好的地理位置，并有资格干预其他人的位置。而像青年B、青年C等人，只能徘徊在非正规从业空间的外围，体现了非正规空间内部的二次边缘化。

综上，广州塔周边的非正规旅游摄影从业者群体围绕广州塔景区形成了一个具有巧妙的空间组织机理的非正规从业空间。在此空间中，非正式部门与正规部门以符合建筑形式和环境布局的一种较为成熟的共栖形态而存在[169]，非正规就业群体内部也以一种匹配人物关系网络的结构形态而存在，并不断在制度环境和社会环境的矛盾与妥协中调适成型。

4.2.2 功能专业化

空间往往是复合的，承载着多种空间功能。由广州塔周边的非正规旅游摄影从业者群体构成的非正规空间原是一个单调的游憩空间，配备广场设施和购物场所。然而，非正规旅游摄影的出现激发了该游憩空间的另一功能——非正规就业，多样化的非正规摄影服务丰富了游客的旅游体验，从而成为广州塔的旅游吸引元素之一。这样一种空间功能的衍生恰好迎合了简·雅各布斯在《美国大城市的死与生》中提出的观点。她认为："地区以及其尽可能多的内部区域的主要功能必须多于一个，最好是多于两个。这些功能必须确保人流的存在，不管是按照不同的日程出门的人，还是不同的目的来到此地的人，他们都应该能够使用很多共同的设施"。[171]

回顾非正规旅游摄影从业者群体的发展，广州塔景区所衍生的非正规从业空间逐渐从就业多样化向就业专业化过渡。与其他热门的城市景区相似，起初广州塔景区并不只吸引了非正规旅游摄影从业者群体，还吸引了多种其他类型的非正式部门，如卖冰糖葫芦的流动摊贩、卖纪念品的流动摊贩、倒卖门票的票贩子以及非正规自行车租赁部门。然而，由于城管的管制以及就业类型自身的性质，以上非正式部门均因形象不佳且易被城管处罚而逐渐失去生命力。只有从事非正规旅游摄影的非正式部门，依托就业者个人高度的流动性以及群体自组织带来的强大博弈力量，不断壮大，成为广州塔景区的旅游吸引元素之一。很多游客提及广州塔都会联想到广州塔周边的"摄影小贩"，使广州塔成为具有另一专业化功能属性的空间。

在这个以非正规摄影为功能的专业空间中，非正规旅游摄影从业者群体获得了共享经济效应和规模经济效应。一方面，非正规旅游摄影从业者群体在经营的过程中，基于成熟的自组织系统而共享知识（如相机、相纸的种类等）、技术（如摄影技术、揽客技术等）、情报（如城管的管制计划等）及社会网络（如与广州塔景区的"关系"等），尽可能降低经营成本并提高经营效率。另一方面，由于规模大、秩序好等形象，非正规旅游摄影从业者群体不仅被城管和景区部门默许，而且获得了游客等社会公众的认可，使得游客不再躲闪、排斥和投诉，反而普遍认为光顾"拍照小贩"是一种合适的选择，产生了一种类似于产业集聚的规模经济效应。

4.2.3　就业稳定化

自组织系统一般具有适应性和稳定性。杨新华等人指出，自组织中的行为主体在与环境中的其他行为个体进行非线性互动的过程中，能够产生自学习、自适应等行为，并能基于所获经验及结果的反馈来修正其"反应规则"，调整自身的反应模式和行为方式，从而获得与环境相适应的生存、繁衍和发展策略，使得系统保持高的稳定性和适应度[82]。

在广州塔景区的非正规从业空间中，非正规旅游摄影从业者群体不断地与城市其他行为主体（如政府部门、景区部门、游客群体、其他非正规就业者等）发生物质、能量与信息的交换，形成了一个开放的非线性系统。在这个非线性系统中，非正规旅游摄影从业者群体通过成功排挤如大学生 A 等不合群的群体成员，通过联名上书等方式向政府部门争取了"经营许可"并服从城管部门"就地规范化"的政策安排，在"摄影店风波"时凭借团体力量而避免被景区部门驱赶，与打印机摆放处附近的商家达成互惠互利的双赢合作，等等。这些行为均说明了非正规从业空间内非正规旅游摄影从业者群体具有抗压、高度灵活、稳定的特征，并将随着时间的推进而获得持续进化的能力。

另外，自组织行规决定了非正规从业空间内分布着密集的乡缘、血缘网络。这些社会网络规范着非正规旅游摄影从业者群体的经营秩序和商业道德，从而构成了一个相对稳定的人际 – 从业空间。一方面，在这一熟人或者半熟人的社会空间中，就业者如果做出不守信用的事情，日后将无法在同行面前做生意。故此，这种高频密集的社会网络的复合化保证了非正规从业空间演进的稳定化。另一方面，自组织的行规是一组自发形成、自我监督的规则集合，一旦成员不守行规，则会迅速遭受来自群体其他成员的惩罚，如驱赶、排挤、思想教育等，使扰乱秩序的行为不能延续，同时对其他成员起到示范作用。因此，由非正规旅游摄影从业者群体的自组织行为所衍生的非正规从业空间，由于其显著的社会网络性质和规训特征，具有强大的就业稳定性。

4.2.4　空间脆弱性

由于非正规旅游摄影从业者的非正规性，他们目前能够稳定获得收入的空间环境可能只是暂时的，他们的从业空间呈现出脆弱性。虽然执法者为他们制订了一份非正式的"就地规范化"方案，允许摊贩留在现有空间做生意，但是这种灵活性伴随着一项强制性命令，即他们必须听从执法者的指挥，在执法者需要他们撤场的时候必须撤离。研究发现，非正规旅游摄影从业者的空间脆弱性是由他们的身份特征和政府的管理需要决定的。

一方面，非正规旅游摄影从业者与大多数街头摊贩相类似，没有固定的商铺，具有高流动性，而且为了最大限度扩大业务量，往往占据人流量大的地点（如交通站点、购物街）。然而，这些场所通常是政府禁止街头贩卖的区域。在本研究中，非正规旅游摄影从业者散布在广州塔广场上和地铁站附近。同时，非正规旅游摄影从业者的经营活动，可能存在欺诈或提供劣质商品的行为。因此，他们这样的非正规特征常常受到公众或消费者的质疑，他们随时面临着政府部门的管理。另一方面，允许非正规旅游摄影从业者在广场上继续经营的"就地规范化"方案事实上是他们与政府部门在博弈的过程中产生的[116]。非正规旅游摄影从业者大多是农民、下岗工人或低技能者。他们从事非正规摄影工作不仅能够维持个人和家庭收入，而且能够为政府解决就业问题。那么，在政府不能将所有具有劳动能力的人都纳入正规行业的时候，非正规就业就成为政府解决就业的一种默认方式。如果他们做出越轨行为影响治安管理或经济运行，那么他们就会受到打击。Boonjubun对泰国的研究发现，泰国政府对街头摊贩是模棱两可的，在国家经济困难时期，政府容忍街头贩卖，将其视为一个重要的创收活动；但在其他时候，政府认为街头贩卖威胁到了社会安全和秩序，进而采取驱赶的手段[172]。在我们的研究中，摄影摊贩的这种"就地规范化"是非正式的、脆弱的。如果政府强制性实施驱赶或责令搬迁的措施，他们将不得不离开他们原本占据的好位置。因而，非正规旅游摄影从业者建立的自组织空间也是一个脆弱的从业空间。

4.3 非正规空间的社会属性

4.3.1 就业导向

非正规从业空间是以获得就业为导向、以非正规经济为主体、发展模式主要跟随市场化选择的从业空间。它往往承载着城市的弱势群体，是城市弱势群体多样化、多元化的生存渠道，代表着一类新的社会空间。换言之，它是一种由城市低收入阶层的就业需求所自发产生的行为方式，并为城市提供许多廉价劳动与服务[173]。

在广州塔周边，非正规旅游摄影从业者群体更多是由来自河南、四川等省份的外来务工人员组成。无论是最早在上海谋生的"王哥"（M14）等人，还是后来通过老乡介绍到广州塔从事非正规旅游摄影的小玲（M23），或是通过其他途径加入的青年B、青年C，他们选择从事非正规旅游摄影的原因更多是缺乏学历、经验、资本等，很难通过正规就业在大城市生存下去，传统工薪就业固有的年龄、学历等形成的薪酬差异只能为这些就业者带来微薄的收入。故此，大多数情况下，这些外来务工人员更倾向于选择非正式部门作为他们立足于城市生活的起点，如流动小吃摊贩、流动菜贩、非正规旅游摄影等。徐红罡指出，正式部门以获取利润为主要目标，非正式部门更多是以解决就业为主要目标的[174]。也就是说，这些非正规旅游摄影从业者群体出于结构性失业的原因以及再就业的需要，偏好低成本的"小生意"，非正规旅游摄影就是其中的一项选择。而恰恰是由于这种以解决社会就业为目标的动机，使群体内部非正式行规表现出经营导向性质。

总的来说，在政府管制之外的利基市场上，广州塔周边的非正规旅游摄影从业者群体不断地捕捉市场需求，尽可能地满足顾客多元化、多变化的个人需求，以一种比官方摄影店更快、更有效的更新速度而经营。故此，从某种程度上看，非正规旅游摄影从业者所形成的非正规空间是一个具有自我激发、自我调节、自我生长的非正规空间。而这个非正规空间所反映的经济现象，既存在规模经济与小生产方式并存的现象，又存在主流生活方式与另类生活方式互补的可能性[170]。

4.3.2 关系导向

非正规从业空间可以理解为一个政府框架下的社会空间，是正规城市之外的市民组成部分，并形成一种独特的生活方式与城市形态。与城中村产生的空间类似，这种非正规空间往往是由传统血缘、亲缘、地缘、民间信仰、乡规民约等深层社会网络连接的社会空间，是一种将社会关系作为导向的空间形式，更是一次社会关系的重组和社会秩序的建构过程。

回顾广州塔周边的非正规旅游摄影从业者群体的规模化过程，"胖子"（M09）、"王哥"（M14）等人在上海动员了30多名非正规旅游摄影从业者一起来到广州塔开始非正规旅游摄影"生意"。可以说，首批非正规旅游摄影从业者群体成员已形成一个相互认识的"半熟人社会"。这样的核心人物成员在某种程度上也奠定了该群体之后"熟人引荐"的人员吸纳方式。于是，在发展期、自治期非正规旅游摄影从业者群体始终坚守一套依托地缘、血缘、亲缘关系的"老乡带老乡""熟人带熟人"的进入机制，形成一种基于社会网络关系的"同源汇聚"或"链式迁移"。[173]通过不断发展壮大，在"内外有别的进入机制"的行规指导下，非正规旅游摄影从业者从起初的30多人发展到如今的100多人，群体内交织着由亲人、老乡、密友等亲密群体相互牵连的人脉关系，俨然一个"熟人社会"。故此，非正规旅游摄影从业者群体在广州塔的东、西广场所形成的空间是一个具有紧密关系结构的社会空间。区别于由正规就业产生的"正规空间"，非正规空间由于高频的熟人关系而呈现出较高的活力、交往力和多样性。它既是非正规旅游摄影从业者群体自组织过程的产物，又能反哺该群体的自组织行为，为其自我激发、自我完善、自我进化提供土壤。

综上，非正规旅游摄影从业者群体在自组织过程中所形成的非正规空间是一个具有强烈关系指向的乡缘社区，乡土社会关系和地方认同在其中起到了关键的作用。从社会意义上讲，乡缘社区作为由一种草根力量推动的非正规空间，属于一种"非国家空间"，游离在国家体制之外，为外来务工人员、社会移民自发的、群体的、理性的经济行为所塑造。

4.4 本章小结

非正规旅游摄影从业者群体以广州塔东广场、西广场、珠江边等公共游憩空间为载体，经历空间占领、空间争夺、空间规范化的漫长博弈和协调过程，在原来单一功能的游憩空间之上，生产出具有高度非正规特征的从业空间。而该空间恰好就是非正规旅游摄影从业者群体得以规模化、实现自组织的土壤。

　　哈维在《正义、自然和差异地理学》中提出："一旦把空间放入政治经济学领域进行分析，就会发现它被现代生产关系所塑，并反过来改变生产关系"。[175]空间与生产关系的哺育和反哺，同样发生在广州塔周边的非正规旅游摄影从业者中。从图4-4中可得，非正规旅游摄影从业者群体在开拓、发展期占领空间，在自治期争夺空间，最后在与城管的合作之下实现了空间的"就地规范化"，新的空间生产与群体规模化过程是一个同时进行、相辅相成的过程。空间的"就地规范化"体现了非正规旅游摄影从业者群体话语权的提升，标志着其进入了自治阶段，并衍生一套完善的非正式行规和监督机制。一方面，非正规空间的生产为非正规旅游摄影从业者群体的自组织提供了生存载体和生长土壤，空间生产过程中的关系导向、就业导向特征在一定程度上导致了非正式行规的关系导向、经营导向等特点；另一方面，以"行规"为重要表现的自组织，同时能够反哺空间的发展，开放的自组织系统在经受外部刺激后不断进行自我适应和自我调整，从而实现空间的稳定性。

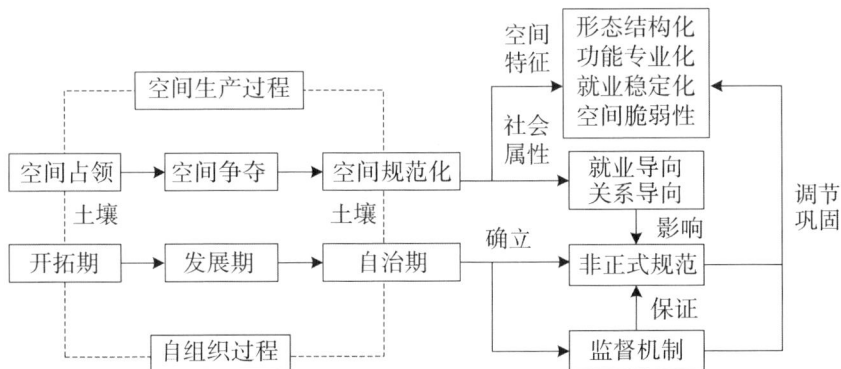

图4-4　非正规旅游摄影从业者群体的空间生产过程

5 城市旅游非正规群体自组织的社会网络

非正规旅游摄影从业者群体的自组织过程并非一个简单的物理聚集过程，而是依托社会连带实现有方向的、有目的的社会聚集的过程。在这一过程中，由政府、景区、正规商铺、游客等外部利益相关者所组成的外部网络，由同行、老乡、亲戚等内部利益相关者所组成的内部网络关系，以及由"胖子"（M09）和"王哥"（M14）等关键群体所发挥的能人效应，共同保障了非正规旅游摄影从业者群体的自组织。保障机制以社会网络所强调的地缘、血缘及业缘为核心，在非正规旅游摄影从业者群体发展的开拓期、发展期、自治期均发挥了一种刺激和保护的作用。所以说，社会网络关系是非正规旅游摄影从业者群体实现自组织的重要屏障。

5.1 外部社会网络关系的推动作用

非正规旅游摄影从业者群体是由地域分散且远离客源市场的就业者构成的。他们的资源有限，因而需要继续获取、积累、整合资源，以在不确定的外部环境中生存下去。而获取资源的一个重要渠道，便是社会资本渠道[176,177]。非正规旅游摄影从业者群体通过与政府部门、景区、正规商铺、游客等外部利益相关者构建非正式联系，以网络输送信息并形成契约，从而保证其经营的稳定性，同时推动群体自组织的发生。这种由外部非正式关系所构成的网络保障，也在对玛雅及万隆的流动摊贩的研究中得以证实[136,178]。

5.1.1 政府部门

政府部门与非正规就业者之间的关系一直是敏感的、紧张的[122]，因为政府部门往往出于维护城市和景区的体面形象而采用"零容忍"的驱赶行动[7]或是不定时的"运动型治理"[179]，使非正规就业者较难在城市立足。故此，广州塔周边的非正规旅游摄影从业者群体非常强调与政府部门，特别是与直接接触的城管部门之间的关系，尽可能地通过非正式关系的建立而获得经营的许可和生存的空间，为群体的发展壮大，甚至是自组织的推进提供最为重要的外部保障。

回顾非正规旅游摄影从业者的发展历程，可以发现，群体成员在不同时期采取不同的手段去征求政府部门的允许，这些手段是循序渐进、不断强化的。在开拓期，面对城管部门的高强度管制，仅有30人规模的群体选择"伺机而动"的"间隙"策略，把握城管交班、下班的间隙进行揽客。可以说，在这一阶段，非正规旅游摄影从业者群体选择了一种防御的态度，尽可能少与城管部门接触，尽可能少触怒城管人员，从而在不稳定的环境下获得相对稳定的经营时空。而在发展期，随着群体规模的逐渐扩大，非正规旅游摄影从业者群体开始采取主动进攻的"请求"策略，通过群体成员联名上书广州市人民政府的方法，请求有关部门给予经营许可，最终获得了城管部门定时、定点的不管制"优惠"。最后，随着群体规模的空前扩大，非正规旅游摄影进入了群体自治期。在自治规则的约束下，非正规旅游摄影从业者群体集聚了强大的群体力量，开始具备与城管部门协商的能力。因此，在广州塔景区旁边的城市电轨、广州电视台相继开业的时候，非正规旅游摄影从业者群体通过与城管部门的多次博弈而实现了"就地规范化"的简单整治，使非正规旅游摄影从业者在广州塔的周边区域拥有更强大的经营空间和更稳定的经营环境。

综上，面对政府部门，非正规旅游摄影从业者群体经历了躲避、试探、协商三个阶段，小心翼翼地与城管部门打好交道。M12的话很好地表明了非正规旅游摄影从业者群体对于城管部门的尊重，体现了他们希望与城管部门合作的态度。结果证明，与政府部门的良好关系的确为非正规旅游摄影从业者群体的经营带来了巨大的便利，而政府部门政策的逐渐"放松"实际上给予了该群体非常明显的暗示——"他组织"不断减弱，使其有足够的底气发展壮大并实现自治组织。

5.1.2 景区

继政府部门之后，景区管理部门是非正规旅游摄影从业者群体重点关注的另一外部利益相关者，原因在于广州塔景区为该群体提供了赖以生存的场所，而这一观点在上一章也被证实。总的来说，非正规旅游摄影从业者群体与广州塔景区管理层之间的关系经历了服从、斗争、相互尊重三个阶段。

建成之初，广州塔景区并没有设立官方摄影店，景区对非正规旅游摄影从业者群体主动采取合作策略，定期与其中有话语权的成员（如"胖子"等人）召开会议，商讨一些有利于双方日常运作的约定。一方面，景区默许非正规旅游摄影从业者群体的经营，不作驱赶；而另一方面，群体成员遵循景区的规定，保证卫生环境和经营质量，在一定程度上发挥宣传广州塔景区的功能。此时，非正规旅游摄影从业者群体正处于开拓期和发展期，成员们均意识到广州塔带来的便利，因而纷纷选择服从安排。

他们（广州塔景区管理层）就跟我们开会，一年至少开了三四次会嘛，跟我们说我们拍照其实是对广州塔有利的，给广州塔做了广告。就是有游客来了，他们就拍照，拍照以后拿回家给亲戚朋友看看，大家一看是广州塔，以后也来了。——M09

就是到年底了嘛，人流量比较大，景区的人就说，大家和和气气的，我们也不要在这里惹事，他们在管理上面也方便一点，然后大家都好相处一些嘛，就这样的。——M17

不打架，不吵架，这是最基本的，也是最重要的。其他的事情我们自己解决。——M12

直到2014年10月，广州塔开设官方摄影店，并开始以扰乱景区秩序为由驱赶非正规旅游摄影从业者群体，禁止他们涉足广州塔东广场、西广场等区域，引发了一场"摄影店风波"。经历了将近一个月的僵持，广州塔景区和非正规旅游摄影从业者群体均感受到抗争带来的危害，于是通过协商达成共识，双方再次回归合作的"双赢"状态——广州塔景区管理层允许非正规旅游摄影从业者群体的经营，反过来，非正规旅游摄影从业者也尊重广州塔官方摄影店的经营，两者互不干涉，独立经营。

就是刚开始的时候有赶过，但不能说是广州塔的意愿，因为广州塔不会这样做，他没有这个权力，他只能说不允许我们进入他的地域。刚开始的时候各有各的想法，各有各的利益点，所以会有一些矛盾。——M17

从多年的互动可以看出，非正规旅游摄影从业者群体试图与广州塔景区建立良好的合作关系，但必要时也会反抗。非正规旅游摄影从业者群体对待景区的态度有时强硬，但最终还是回归"双赢"的合作状态，因为非正规旅游摄影从业者群体非常深刻地意识到在不确定的社会环境中"树敌"与"建交"之间的巨大区别。景区的干涉同样属于他组织的一种，故此景区管理部门的默许与合作，实际上也是他组织消减的过程，能够推动非正规旅游摄影从业者群体的自组织行为。

5.1.3　游客

游客是非正规旅游摄影从业者群体的服务对象，因而也是其重点关注的外部利益相关者之一。游客消费带来的收入是非正规旅游摄影从业者群体的直接经济来源。由于游客一次性消费概率高，交易过程中所隐藏的机会主义行为相对严重，特别是在不受政府管制的非正规就业群体中。然而，区别于其他大部分的非正式部门，广州塔周边的非正规旅游摄影从业者群体更为强调顾客满意度，通过真诚的交易来获得游客的认可。

"你（游客）开心，我就开心"，这是非正规旅游摄影从业者群体内部流传的一句口头禅，从某种程度上可以反映出非正规旅游摄影从业者群体对于游客的尊重与关注。而从经营过程中的各种细节同样可以看出非正规旅游摄影从业者群体对于游客资源的重视。以电子照片为例，非正规旅游摄影从业者群体对于游客的服务呈现出一种顾客导向的体贴。电子照片最早由广州塔的官方摄影店推出，规定消费满35元可赠送电子照片存档。因此，随着移动电子设备的进步以及游客要求的不断强化，非正规旅游摄影从业者群体通过群体学习和分享的方式，为其日常经营增加一项新服务——免费赠送电子照片。区别于官方摄影店中有门槛的电子照片服务，非正规旅游摄影从业者尝试学习，并尽量做到更好、更优。

总的来说，在经营的过程中，非正规旅游摄影从业者群体秉承真诚的态度，不强制消费、不欺骗买卖、多形式拍照、多照片挑选，从各个方面满足游客多样化的需求，而这实际上就是市场上非正规旅游摄影从业者群体的生存空间所在。那么，通过与游客搭建良好的主客关系，非正规旅游摄影从业者群体一方面能够消除政府部门、景区管理部门对于景区形象的忧虑，另一方面也能在经济上获得支持，从而不断发展壮大，形成规模效应，并为群体自组织提供社会和物质基础。

5.1.4　正规商铺

一般情况下，由于产品的相似性，非正规就业者与对应的正规就业者之间的关系多呈利益冲突关系，正规就业者将以各种形式来驱赶非正规就业者，以保证自身的经营优势。其中，广州塔官方摄影店与非正规旅游摄影从业者之间的关系就是非常典型的例子。然而，在广州塔景区，非正规旅游摄影从业者群体更为强调与特定正规商铺的友好关系，正如本书3.2.4节"避免冲突的对外策略"中所示。

在非正规旅游摄影从业者群体接受城管部门的"就地规范化"的安排后，群体成员集体把打印机的摆放位置迁移到离广州塔景区500米处的住宅楼下。从此，非正规旅游摄影从业者群体尝试与住宅下的正规商铺店家交往互动，并形成良好的合作关系——"我们光顾他们（正规商铺）买水、吃饭，他们帮忙看一下打印机，双赢呀。"

一方面，非正规旅游摄影从业者群体光顾正规商铺，如购买香烟、饮用水及日常餐饮；另一方面，正规商铺的店家由于"熟客"关系及"老乡"关系，帮助非正规旅游摄影从业者群体看顾摆放在商店门口处的打印机，避免其被小偷偷走。与非正规旅游摄影从业者群体合作的商家主要有两家：一家是"D记便利店"，主要提供烟、酒、水等快消品，位于最靠近公路的一段，其门口一带是打印机摆放最为密集的地方，店主在看店的同时可以看见店外的状况；而另一家是"E记餐饮店"，主要提供早餐、午餐、晚餐、夜宵，是非正规旅游摄影从业者群体日常聚餐的地方。由于餐饮店每天的经营具有明显的高峰期和空闲期，店家能够利用闲时帮忙看守打印机，因而成为非正规旅游摄影从业者群体的"好帮手"。

如此看来，这些看似巧合的、罕见的合作实际上都是非正规旅游摄影从业者群体出于自身利益的考虑而进行筛选的结果。面对不利的社会条件，如打印机须摆放在离经营场所500米远的地方，非正规旅游摄影从业者群体的首要办法依然是"关系"，通过与其周边的人或商家建立互惠互利的关系来获得保障。区别于与城管、景区、游客间的互动关系，非正规旅游摄影从业者群体与正规商铺之间的关系显得相对次要，但是这种关系同样能够帮助该群体消除经营上的顾虑，为其经营发展提供推力。

5.2　内部社会网络关系的拉力作用

在非正规旅游摄影从业者自组织的过程中，由就业者群体内部衍生的社会网络发挥了拉力作用——它吸引与群体成员有着密切社会关系的外部成员，并帮助其成为群体内部成员之一。逐渐地，这些外部社会网络被转化为内部社会网络，不断推动着非正规旅游摄影从业者群体的规模化。在中国，网络关系具有很深的文化根植性，很多社会连带的建立并不是基于个体物理意义上的相似点，而是更多地依靠血缘、亲缘、地缘等社会关系。

5.2.1　业缘关系

在群体组建初期，也就是开拓期，业缘关系发挥了组织作用。当时，"胖子"（M09）和"王哥"（M14）意识到广州塔景区的潜在商机后，动员了身边30名同行一起来到广州塔景区从事非正规旅游摄影。此时，这30名同行之间的默契的潜在因素，正是业缘关系——一种由职业或者行业的活动需要而结成的人际关系。区别于血缘关系和地缘关系，业缘关系不是人类与生俱来的，而是在血缘和地缘关系的基础上由人们广泛的社会分工而形成的，源于社会分工的精细化和社会生活的职业化，具有鲜明的后致性[180]。由此可见，业缘关系具有比血缘或者地缘关系更弱的社会约束力。

故此，在非正规旅游摄影从业者群体的自组织过程中，业缘关系出现并仅出现在群体的组建时期，因为此时群体内部尚未形成共同利益，也未出现集体行动，群体成员不必为失信行为承担过多的损失。业缘关系作为一种弱连带，能够把相似的、有共同志向的非正规旅游摄影从业者聚集在一起，形成一种"抱团"现象。而这也解释了组建之初群体内部松散、无组织的群体结构。然而，当群体进入发展期和自治期后，群体内部开始出现集体行动，如服从景区管理层的安排、服从城管管理、集体干扰景区官方摄影店等。群体成员开始考虑失信行为和异类行为对集体行动的损害。

5.2.2　地缘关系

地缘关系是一种以土地或地理位置为连接纽带，并在一定的地理范围内共同生活而产生的关系，如老乡、邻居、街坊等[181]。费孝通指出，血缘和地缘的合一是社区的原始状态，两者均具有先赋性[64]。在非正规旅游摄影从业者群体的自组织过程中，地缘关系贯穿在开拓期、发展期、自治期的每一个阶段，是最被强调的社会关系类型。

在群体的开拓期，群体成员主要依托业缘关系组建群体。同时，地缘关系也发挥了辅助作用。一方面，这30名同行中相当一部分成员都是来自同一个省份的，如四川、河南等，他们之间既是同乡关系又是同行关系；另一方面，当30名同行一起来到广州塔景区从事非正规旅游摄影时，同乡之间更倾向于"扎堆"经营。这种来自老乡的相互扶持在一定程度上帮助群体成员度过了开拓期的艰辛岁月。

到了发展期，群体不断吸纳新成员。这些新成员大多是来自周边景区的非正规旅游摄影从业者，如大沙头码头、天字码头、白云山风景区等。虽然群体对于新成员并没有明显的排挤行为，但是新成员出于对"行规"的印象，懂得通过"熟人"打开新的就业群体的大门。而这个熟人往往是操着相同口音的人或老乡，然后通过引荐人介绍才顺理成章地成为该群体的新成员。其中 M11 的加入过程是非常典型的案例。M11 原本是天字码头的非正规旅游摄影从业者，得知广州塔的情况后企图加入。M11 选择在非游客高峰期时段多次来到广州塔景区，与其他非正规旅游摄影从业者混熟，并努力与来自河南驻马店的老乡加深关系。于是，M11 偶尔会带上几包香烟和几瓶饮料，分给同是来自河南的"胖子"，然后通过"胖子"介绍进入群体。"这是行规，他又是干这一行的，大家都懂的。"由 M17 的这句话可以看出，一旦一个非正规旅游摄影从业者群体形成，其内部的行规都是相似的，而"老乡带老乡"的进入方式也是约定俗成的，因而地缘关系常被强调。

最后，群体发展至自治期，内部遵循一套潜在的却又强而有力的"行规"，规定了"内外有别的进入机制"。这种以地缘、血缘为核心渠道的社会关系成为关键。虽然地缘并不具有血缘关系般的稳定性和保证性，但是在商业社会中，地缘关系就是契约社会的基础[64]。故此，地缘关系成了非正规旅游摄影从业者群体规模化和自组织过程中最为重要和最被强调的成员间社会关系。

5.2.3 血缘关系

血缘关系的使用出现在非正规旅游摄影从业者群体自组织过程中第三个发展阶段——自治期。血缘关系以婚姻或者生育为纽带，是指因婚姻、生育而产生的关系，包括父母、子女、兄弟姐妹以及由此而派生的其他亲属关系。[180]血缘关系是稳定的、有保证的，所以在群体实现自组织后，成为一种熟人推荐的渠道之一。

其中，小玲（M23）是典型的例子。小玲（M23）的妈妈是广州塔周边非正规旅游摄影从业者群体的老成员。因此，当小玲（M23）来广州求职时，就通过妈妈的关系进入了群体，开始从事非正规旅游摄影。然而，像小玲这种通过父母、子女或配偶等血缘关系而加入非正规旅游摄影的例子实属少数。其原因在于，血缘在商业社会中难以广泛存在。非正规旅游摄影从业者群体在实现自组织后，形成了一个相对成型的商业社会分支。

此社会中人与人之间的来往越来越繁重，单靠人情不易维持相互之间权利和义务的平衡，故此人们更倾向于寄籍在血缘关系边缘上的外边人来达成商业交易[64]。

故此，在非正规旅游摄影从业者群体中，血缘关系虽然被认可，但是并没有广泛使用。群体成员偏好同时兼具情感因素和工具性因素的地缘关系，不至于完全受血缘的情感性控制而失去理性，同时也不会因为地缘的工具性过强而形成机会主义行为。它是一种能够长期维系的、具有较强契约关系的强连带关系，在商业社会中，特别是在外来务工人员密集的商业社会中非常受用。

5.3 非正规群体内外部的能人效应

金太军指出，在关系社会中，自组织能够发生的关键不只在于是否拥有基本的社会资本存量，也在于是否存在一个或者若干个民间领袖或关键群体[63]。出于威望、荣耀并向大众负责的考虑，这些领袖精英往往承担起带头人或者主持人的角色，在其所在的"权力的文化网络"中影响其他成员的态度和行为。而在广州塔景区的非正规旅游摄影从业者群体中，由"胖子"（M09）和"王哥"（M14）等4或5人组成的群体则恰恰发挥了关键群体的作用。从动员、扩张、协商到自治，这个关键群体均发挥了领导作用，同时担任了群体与外部利益相关者协商的代理人，形成了一种能人效应。

5.3.1 群体内部的领导者

根据前文表1-7所示，在自治期，以"胖子"（M09）和"王哥"（M14）作为代表的F1、F2、F3、F4这4人组成的团体的点度中心度为99.000，远高于其他群体成员，属于典型的"意见领袖"或者"关键人物"。他们处于非正规旅游摄影从业者群体的网络中心，在群体自组织过程中发挥了领导作用，这主要体现在三个方面：动员、调解矛盾、制定规则。

（1）动员。

"胖子"（M09）和"王哥"（M14）等人的领导地位源于动员同行"南迁"的首创功绩。在这30多名同行来到广州塔之前，大部分的非正规旅游摄影从业者群体都在上海世博会周边就业，虽然世博会接近尾声，但是只有很少人有明确的新去向。此时"胖子"（M09）和"王哥"（M14）等人却迅速捕捉到广州亚运会带来的商机。他们分析了在广州塔就业的潜力和风险，计算机会成本，并在认为可行后动员身边的同行。故此，当上海世博会接近尾声而广州塔建成开业之际，"胖子"（M09）和"王哥"（M14）等人带着约30名同行一起来到广州塔，开始经营非正规旅游摄影。虽然起初的经营状况并非十分理想，但是同行们凭借以往的经验和对实地情况的综合考虑，认为广州塔的确有商机。从此以后，这些同行开始对"胖子"（M09）和"王哥"（M14）等人的胆识和判断力感到佩服，这在一定程度上奠定了这个关键群体的领导基础。

（2）协调内部关系。

当群体内部成员发生口角、肢体冲突时，矛盾双方很少私下解决问题，而是通过群体的第三方进行调解。其中"王哥"（M14）等人就是非常好的调解人，他凭借威望而得到大家的信服，同时通过公平的解决方案而获得成员的好评。例如大学生A事件中，大学生A加入群体后，通过恶性竞争的手段争抢其他成员的生意，在一定程度上扰乱了群体的秩序。此时，"王哥"（M14）等人出面处理该事件，考虑到对方是一个学生，仅通过没收经营工具和口头警告的形式让对方离开。

（3）制定行规。

当群体从发展期过渡到自治期，随着城管部门的管制放宽，越来越多的外来人群企图加入非正规旅游摄影从业者群体。此时，为了保证每一位群体成员的利益空间，"胖子"（M09）和"王哥"（M14）等人提出"老乡带老乡""熟人带熟人"的规矩，确立一种"内外有别的进入机制"。同时，非正规旅游摄影从业者群体开始制定行规。这套"行规"并不像正规企业的公司制度。它既没有发布者和执行者，也不成文，更多是由某些具有领导力和话语权的群体成员提出，并通过以身作则或者口头承诺的方式传递给其他成员。而一向活跃的"胖子"（M09）和"王哥"（M14）等则充当了提议者的角色。例如，在发展成员的过程中，"胖子"（M09）认为不能盲目接受，而应该吸收一些能够相互尊重、互惠互利的成员，以防止群体内部的恶性竞争。故此，出身于农村的他抓住了地缘关系的可靠性，提倡成员们介绍老乡加入，而拒绝那些完全陌生的外来者。用他们的语言来说，"老乡更容易控制"。而当群体规模壮大到将近100人的时候，群体需要一些规矩去约束成员的行为。这些规矩并不能解决在群体内部运营中发生的所有问题，但是能够缓解一些常见的内部矛盾，建立良好的经营秩序，保证群体的良性运行。其中，成员之间互惠互利是一项非常重要的原则，而"胖子"也经常以身作则，向新成员传授摄影技术和经营技巧，得到了其他成员广泛的尊重。

实际上，在没有明确规章制度的情况下，"胖子"（M09）和"王哥"（M14）等人所参与的这些事并非执行行规，而是制定行规。日后，当群体成员遇到相似的情景，他们都会参照"胖子"（M09）和"王哥"（M14）等人的处理手段来处理，而这其实就是"行规"的体现。从群体的角度来看，"胖子"（M09）和"王哥"（M14）等人为群体领导者和协调者，能够帮助群体建立有利的、合适的规矩来约束这个本来松散、无组织的群体，提供了使群体发展壮大、持续发展的内部条件。这是一种"利他"的行为。而从个人的角度看来，"胖子"（M09）和"王哥"（M14）等人所参与的这些事件又进一步巩固了他们在群体中的地位和威望，更塑造了其主导决策的"领导人"角色和协调矛盾的"中间人"角色，从而在经营过程中获得更多的便利，又是一种"利己"的行为。在绝大部分情况下，领导人和协调人角色所带来的尊重、话语权是具有私人属性的。然而，当群体面临困难时，这些权力的私人属性又能转换成群体属性，使群体以"胖子"等人为中心迅速、一致作出决策并共同为之努力，其中非正规旅游摄影从业者群体与城管部门、景区之间的关系博弈就是非常典型的例子。

5.3.2 群体间的代理人

"胖子"（M09）和"王哥"（M14）等人不仅在群体内部占据中心位

置，而且担任非正规旅游摄影从业者群体与景区、城管等外部利益相关者之间的沟通桥梁，充当代理人的角色。因此，当群体成员希望向政府部门发出请求时，更多地由"胖子"（M09）和"王哥"（M14）等人作为代表进行协商；而当城管或者景区需要对非正规旅游摄影从业者群体进行管理时，他们更倾向于通过"胖子"（M09）和"王哥"（M14）等人来沟通，并下达命令。一般情况下，"胖子"（M09）和"王哥"（M14）等人充当代理人主要有两个方面：一是非正规旅游摄影从业者群体与政府部门之间的代理人；二是非正规旅游摄影从业者群体与景区管理层之间的代理人。

（1）群体与政府部门之间的代理人。

"胖子"（M09）和"王哥"（M14）等人第一次充当代理人角色的事件可以追溯到2012年集体联名上书广州市人民政府。当时，由于城管管制严格，非正规旅游摄影从业者要求获得更宽松的经营环境，于是在"王哥"（M14）的提议下，集合大家的意见写了一封请求书。请求书是大家联名的，最后由"王哥"（M14）来完成呈递和后续的协商，并获得了初步成功。自此，"王哥"（M14）就承担了沟通非正规旅游摄影从业者与政府部门的代表工作，并在不断的努力下争取到了城管定时、定点的管制"优惠"，以及后来简单的"就地规范化"。

当城管人员需要与群体沟通的时候，会先和"王哥"（M14）等几位比较有话语权的群体人物协商，商讨方案的可行性，例如"就地规范化"方案的落实。其实，当遇到特殊事件需要非正规旅游摄影从业者群体撤场时，城管人员也会率先通知"王哥"（M14）等人，然后让"王哥"（M14）等人下达通知，要求全体成员撤场。城管部门通过关键人物下达命令的举措，省去了一一通知所耗费的人力成本，同时能够获得更好的通知效果，因而非常认可"王哥"（M14）等人作为政府管理非正规旅游摄影从业者群体的代理人。

另外，"王哥"（M14）也非常重视与城管之间的约定。当非正规旅游摄影从业者违反了与城管之间的约定时，"王哥"（M14）等人也会主动惩罚违约者，以确保群体与城管之间的关系不被破坏，同时保证自身的代理人角色不被质疑。其中M11的案例是典型的例子。M11在城管通知暂停营业一天后依然继续营业，后来遇上了巡查的领导，因而器材被没收，同时受到了来自"王哥"（M14）等人的指责和教育。

（2）群体与景区管理层之间的代理人。

2014年国庆节之前，广州塔景区并没有设立官方摄影店，故此广州塔景区与非正规旅游摄影从业者群体之间并不涉及直接的经济利益冲突。为了避免秩序混乱带来的形象损失，广州塔从一开始就倾向于以默许的态度对待非正规旅游摄影从业者群体。景区管理层尊重非正规旅游摄影从业者群体，不强制对方行动。同时，景区管理层会定时召集部分群体成员到景区的会议室开会，商讨一些有利于双方日常运作的规矩，如不得在景区范围内打架、吵架、乱丢垃圾、破坏公共环境等。"胖子"（M09）和"王哥"（M14）等人作为首批进入者，同时又活跃于群体与外部的各类协商活动中，因而成了景区重点培养的代理人。

那个小屋（官方摄影店）还没有开的时候，他们就跟我们开会，一年至少开了三四次会嘛，跟我们说我们拍照其实是对广州塔有利益的，给广州塔做了广告。——M09

由此看来，一旦政府或者景区部门的行为影响了非正规旅游摄影从业者群体的利益，"胖子"（M09）和"王哥"（M14）等群体代理人就会想方设法带领非正规旅游摄影从业者群体与有关部门协商，最大限度捍卫群体的利益。

5.4 基于社会网络关系的支撑体系

社会网络作为一种社会资本，它能够突破行为与结构之间的割裂状态，解释行动者如何获取资源、获得成长的问题[20]。在本研究中，社会网络的确解释了非正规旅游摄影从业者群体为什么要获得资源、如何获得内外部资源的问题。自群体组建以来，非正规旅游摄影从业者群体中衍生了以关键人物为领导、以内部网络为核心保障、以外部网络为辅助保障的

"内部—外部"社会网络。关键群体和内部网络的蔓延是群体发展成员、维持秩序的保证，而外部网络则为非正规就业群体的经营排除障碍，模糊非正规就业群体的"非正规性"。由此可见，社会网络能够为群体实现自组织提供坚实的保障。而在社会网络背后，信任和互惠是关键。

5.4.1 信任

信任是规避风险的重要因素，它能够为行动者提供应对各种不确定情况的安全环境，并降低滑向机会主义的可能性。信任能够发展出相互依赖关系，进而认为对方可以依赖，愿意保持合作。而在自组织的群体中，信任主要包括两大类型：人际信任和制度信任。

从某种程度上看，非正规旅游摄影从业者群体内部的人际信任源于"内外有别的进入机制"。"熟人带熟人""老乡带老乡"的进入方式决定了群体内每一位新成员与老成员之间都存在着强连带，比如夫妻关系、亲戚关系、老乡关系等。这些关系之间都隐藏着比较强的情感信任，这种信任被 Granovetter 称为"自有动机"[50]。例如，小玲（M23）进入非正规旅游摄影从业者群体后，当她需要购买摄影工具时，她理所当然地向她妈妈（M25）请教。原因在于：第一，小玲妈妈（M25）已经从事非正规旅游摄影多年，在选材方面具有丰富的经验；第二，妈妈的信息是可靠的。类似的，群体内那些源于血缘、地缘关系的信任，一般都是无条件的信任，它能够为非正规旅游摄影从业者群体的自治管理提供坚实的内部保障。

制度信任源于非正规旅游摄影从业者群体成员对于内部行规的认可。这种认可在某种程度上依然来源于"内外有别的进入机制"这一行规，以及"胖子"（M09）和"王哥"（M14）等群体领导的表率作用。非正规旅游摄影从业者群体是一个以"胖子"（M09）和"王哥"（M14）等人为核心，以通过熟人引荐而进入群体的信任为次核心的熟人社会。在这个熟人社会中，社会关系不断叠加，成员之间彼此信任。故此，面对不成文、不明确的各项行规，非正规旅游摄影从业者相信这是群体决策的结果，因而很少会因为自身的利益而违反。由于"胖子"（M09）和"王哥"（M14）

等人的以身作则，以及违反行规所遭受的种种惩罚，群体成员均选择服从行规。总的来说，制度信任包含了正式的权责关系，使得群体成员有更强的动机遵守行规且更可靠。而这种信赖也能够提高社会网络的效率和业绩，保证群体中的合作与共享，被称为"程序公正"[70]。

5.4.2　互惠

互惠源于信任，是指一种建立在给予、接受、回报三重义务基础上的互助关系，常常被称为"投桃报李"或者"礼尚往来"。一般情况下，互惠发生在地缘、血缘关系结成的共同体之中，是一种个体化的经济交换形式，有利于增强共同体的纽带联系。互惠可以划分为多种类型，如征求咨询、交换资源、情感支持。这三种类型的互惠方式在非正规旅游摄影从业者群体的自组织行为中均有体现。

首先，征求咨询。其中，最为常见的是经营设备的征询和经营技巧的征询。当一名新成员进入非正规旅游摄影从业者群体，他将咨询其他成员应该购买哪种型号的相机、打印机、相纸等，同时向其学习摄影技术和揽客技术，这都属于征求咨询类的互惠。在非正规旅游摄影从业者群体中，征求咨询类的互惠一般都是单向的、不讲求回报的。以小玲（M23）为例，小玲首先咨询其妈妈（M25）关于器材的选购及揽客的技巧，以便掌握基本的经营能力。而当小玲（M23）需要学习更高超的摄影技术时，她可以向"胖子"（M09）等人讨教，一般会获得耐心的指导。在这种情况下，小玲妈妈（M25）和"胖子"（M09）并不需要小玲的"礼尚往来"，而是希望其能够帮助其他有需要的新成员。所以说，在非正规旅游摄影从业者群体的自组织过程中，征求咨询类的互惠在短期内是单向的、赠予的、非等价的，而从长远来看是在群体内多方指向的。

其次，交换资源。群体成员来自不同的地方，进入方式也有所差异，相互之间需要建立互助关系，以应对来自内外部的各种挑战。非正规旅游摄影从业者互相推荐客源、推荐新的相纸资源，属于资源交换类的互惠。例如，M09在特殊情况下主动向M18推荐客源，M18接受后会记得M09的人情，在适当的时机将客源"还"给M09。再比如，M01（男）在揽客的过程中发现，游客有意向拍照，却希望由女性摄影师拍摄，于是 M01 就向 M05（女）提示，让其招揽该顾客。此后，M05 并不会忘记 M01 的帮助，在类似的情况下，将有意愿光顾的顾客推荐给 M01。如此你来我往，互惠互利，成员之间将形成紧密的合作关系。另外，非正规旅游摄影从业者也会积极分享最新的技术或者设备。例如 M20 在发现性价比更高的相纸时，会主动向别人分享；同样，当别人发现更好用的设备或者更先进的技术，也会与 M20 共享。这种有借有还、礼尚往来的互惠，在非正规旅游摄影从业者群体的自组织过程中非常常见，它能够实现资源互补，提高社会网络的效率，推动自组织的实现。

最后，情感支持。当群体成员在经营上遭受挫折，其他成员会主动给予安慰及帮助，这是一种情感支持类型的互惠。情感互惠一般存在于家人、老乡等具有亲密关系的成员个体之间，依托情感关系而实现。如 M11 的打印机在政府的一次运动型治理中被城管没收了，需要上缴 200 元的罚款并在 5 个工作日以后才能索回。作为 M11 的老乡，M12 主动向其提供精神上的安慰，并在其打印机被没收期间主动共享打印机，最大限度保证 M11 的正常经营。另外，M23 面对竞争日益剧烈的经营现状，会主动向有 5 年经营经验的妈妈（M25）询问，讨论是否应该继续经营。在妈妈（M25）等人的共同分析之下，M23 最终选择了转行，到正规公司上班。以上两个例子所呈现出的都是情感互助，它一般建立在亲密关系之上，是一种情感关系，几乎不讲求回报。

综上，非正规旅游摄影从业者群体之间的互惠行为是广泛存在的，它既是行规条例，也是支持机制。群体的互惠以资源交换互惠最为常见，辅之以情感互惠和咨询互惠。互惠是一种交换形式，它有利于增强群体或者共同体的纽带联系，既可能蕴含经济价值，又可能只有象征价值。故此，"互惠性"不一定是"等价性"。互惠源自信任，又能反过来巩固群体成员之间的信任程度，为群体内部的自组织提供另一坚实的支撑体系。

5.5　本章小结

关系网络是非正规旅游摄影从业者群体实现自组织的强大保障。非正规旅游摄影从业者群体的关系网络由"胖子"（M09）、"王哥"（M14）等人动员，通过业缘、地缘、血缘等熟人社会关系来形成一个规模化、高密度的内部网络，保障了群体内部的有序运行。同时，"胖子"（M09）、"王哥"（M14）等人充当群体领导人和代理人的角色，自告奋勇与外部利益相关者"搞好关系"，从而构建良好的外部网络。这属于一种战略网络，能够为非正规就业群体的生存发展提供极大的便利。非正规旅游摄影从业者群体的社会网络体系如图5-1所示。

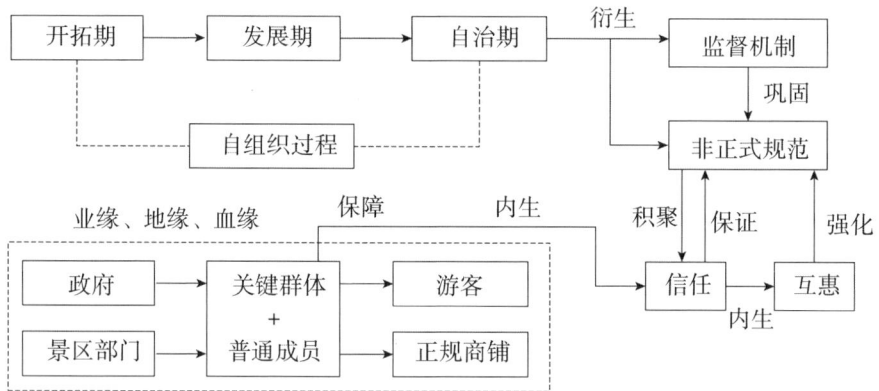

图5-1　非正规旅游摄影从业者群体的社会网络体系

从表面上看，内部网络与外部网络保障了非正规旅游摄影从业者群体的自组织实现。在群体规模化的过程中，"胖子"（M09）、"王哥"（M14）等人一方面聚合老乡、亲戚、朋友，形成一个极具凝聚力的集体，另一方面强调与政府、景区、游客、正规商铺等利益相关者构建一种伙伴关系或合作网络，从而嵌入一个由多重关系构建而成的、相对安全的社会网络中，降低经营风险并提高经营效率。

从本质上看,非正规旅游摄影从业者群体在规模化过程中强调的"老乡带老乡""熟人带熟人"的"行规",隐藏了大量的业缘、血缘、地缘关系。这些熟人关系所内生的信任机制和互惠机制反过来保障了非正规旅游摄影从业者群体的自组织过程。例如,群体成员是出于信任将技能分享给新成员,基于互惠而将客人推荐给同行。这种信任与互惠是建立在长期合作的熟人社会中的,因而能够构成一个强大的、稳定的支撑体系。

6 城市旅游非正规群体自组织的效果表现

集体行动既是自组织的步骤，也是自组织的效果，是群体从无序走向有序的重要象征。尤其对于一贯以松散、无组织为象征的非正规就业者群体，从个体行动到集体行动的过渡，是群体在自组织过程中发生质变的标志。而在广州塔的非正规旅游摄影从业者群体中，更多表现为技能共享和团队合作，而这就是群体自组织的重要产物。非正规旅游摄影从业者嵌入一定的社会网络中，基于社会网络所衍生的信任和互惠体系，形成了群体的共同愿景，从而以集体行动推动自组织的进程[182]。本章将从技能共享、标准化、一体化经营三个方面论述非正规旅游摄影从业者自组织的效益，并试图回答其取得效果的作用机制。

6.1 技能共享与作用机制

通过技能学习和共享来获得最基本的就业能力，是非正规旅游摄影从业者的首要目的，而这也是该群体能够生存发展的基本要求。一般情况下，非正规就业往往是具有低门槛、低技术含量特征的就业类型[124]。有别于绝大部分的非正规就业类型，如流动摊贩、无证手推车、摩托车司机等，非正规旅游摄影的资产专用性相对较高，因而对就业者的技能要求相对较高，涉及摄影技能、揽客技能、社会交往技能等。然而，有别于其他正规行业如化工行业、互联网行业等行业的自组织过程[183]，非正规旅游摄影从业者群体的知识共享过程显然较为简洁、轻便。

在从事非正规旅游摄影的过程中，技能主要包括两个方面：硬技能和软技能。硬技能指非正规旅游摄影从业者在经营过程中关于摄影、拍照方面的技能技术，这是其得以生存发展的基本要素；而软技能则是帮助非正规旅游摄影从业者经营得更好的技巧，如揽客技巧、与其他群体成员打交道的技巧，以及与景区、城管等外部利益相关者打交道的技巧等。实际上，技能共享的过程就是一个非正规培训的过程，是在血缘、业缘和地缘关系基础上的技能流动过程，是一种处于正规培训体制之外，在培训内容、时间、空间等方面都缺乏结构性和计划性的培训方式，是许多非正规就业者获取技能的主要渠道[184]。

6.1.1 硬技能的共享

非正规旅游摄影从业者群体的硬技能主要包括三个方面：选材、摄影、打印。其中以前两个方面的技能为重点。在选材方面，一名新成员在"创业"阶段需要购买的新设备包括单反相机、镜头、打印机、相纸、相册、墨水等，一般需要耗费 5 000~10 000 元。这在非正规就业中属于较高的成本投入。故此，群体成员之间相互推荐合适的、性价比高的经营耗材尤其重要。一般情况下，当新成员进入非正规旅游摄影从业者群体，介绍其进入的老成员会负责帮忙购买必备的基本器材，从而使得新成员能够迅速地进入工作状态。

相机机身、相纸、打印机、墨汁等，还要配广角镜。型号都是差不多的，我说好了这个型号，就让他（新进入者）去买呀，买一样的或者差不多的。——M14

首先，非正规旅游摄影从业者群体也在不断地革新摄影器材时，特别是相纸、镜头等更换频率较高的器材。当发现性价比较高的新器材时，非正规旅游摄影从业者大多会主动与身边的人分享，同时收集不同的反馈，以便于更好地革新。M20 关于共享新相纸的事例就是一个共享技能的例子。

（相纸）要换新品种了，我们就先拿一点货，先试一下看行不行，看这个相纸好不好，褪不褪色，不好的话我们都不用。如果行的话，好的话，不褪色的话，我们就一起用这个。——M20

其次，在摄影技术方面，每一位新成员都会由其推荐者传授技能，如何调节模式、如何调节镜头、如何传输至打印机，等等。这样一种"老成员—新成员"的技能传授模式更多地用于传授一些基本的拍照技能。如果新成员需要更为复杂、高超的拍照技术，他/她可以向其推荐人请教，也可以向其他成员请教，如"胖子"（M09）等人。

我妈妈给我的相机，都已经调好了的，我只要对一下焦距什么的，就可以的；实在不会，可以问问我妈，或者那边的哥哥（"胖子"哥哥），他们都很愿意教我们的。况且其实单反不难用，别人教你两次，自己再摸索一下，就肯定会的。——M23

最后，打印属于一项比较简单的技术，主要强调如何在短时间内把单反相机里的照片传输到打印机里，然后选择大小（大、中、小）和模式（纪念模式和非纪念模式）进行打印，最后进行包装。相对于选材技巧和摄影技术，打印的技术含量较低，因而很少被提及。

6.1.2 软技能的共享

非正规旅游摄影从业者群体的软技能实际上就是与人打交道的技能，包括与同行、游客以及城管、景区部门相处的技巧和方式。软技能并非从事非正规旅游摄影的必要条件，但是从某种程度上看，它能够帮助非正规旅游摄影从业者排除人际障碍并获得更多的客源，从而能够更好、更有效率地经营。

新成员进入群体以后，老成员在传授摄影技术等硬技能的同时，也会详细分享如何待人接物。首先，与同行的相处强调互惠。群体希望每一位成员能够多与同行沟通，适当的时候共享客源，同时要避免争抢客人、恶意降价等恶性竞争行为。其次，与游客相处讲求贴心。"顾客就是上帝。你开心，我们就开心。"这是非正规旅游摄影从业者群体一直信奉的待客准则。要获得较高的游客满意度，群体成员要具备大胆的心态、哄人的口才、不强买强卖的态度、贴心的服务。最后，与景区、城管等管理部门的相处要求服从。由于非正规旅游摄影从业者群体的"非正规性"，老成员更倾向于叮嘱新成员要服从合理的安排，尽量少惹是生非。例如，开拓期如何逃避严格的管制，发展期如何获得经营许可，自治期如何与管理人员打交道，这些都是非正规旅游摄影从业者群体在茶余饭后常常讨论的问题，并不仅限于从老成员传授至新成员，而是在整个群体中相互分享，大家一起出谋划策。

6.1.3　技能共享机制

非正规旅游摄影从业者群体内部的技能共享属于个体间非正式知识转移，它嵌入一定的社会网络结构中，依赖于社会关系而非组织制度来获取建议和服务[144]。本研究发现，无论是硬技能还是软技能，都存在关系导向下的技能流动机制，这意味着关系在群体内外形成了一种泾渭分明的界限，对于非群体成员具有明显的排他性，阻碍知识的外向流动以保证群体内部的成员利益[185]。成员 M20 原先是群体外的新成员，因为没有关系被排除在外，而无法掌握熟练的技能。当然，关系是动态的、不断变化的，非正规流动群体存在着通过各种渠道进入群体内的可能性。M20 后来通过主动沟通与老成员建立关系加入群体，从而拥有了学习渠道。关系的建立为成员构建了一种保障机制，使他们能够在这种保障之下以长期利益代替短期利益。

在非正规旅游摄影从业者群体中，M20 是经由弱关系进而获得群体技能知识的。而相对于弱关系的强关系，是建立在血缘、地缘、业缘高度信任基础上的。强关系可以减少成员间的不确定性，提高知识传授的速度和强度，这是流动人口群体学习中极为普遍的现象与形式。成员 M23 的知识技能学习就显得容易许多。她是通过妈妈的引荐加入非正规旅游摄影从业者群体，迅速得到群体成员的普遍认同与接受，在大家的帮助下直接略过自我摸索的过程，快速学习并掌握了摄影技能而有能力独立经营。母女的强关系在其中发挥了重要而关键的作用，使 M23 毫无难度地融入群体关系网络，占据了知识技能流动的便捷路径。

关系搭建了技能源头与技能接受者之间的桥梁，能够让知识技能沿着关系导向流动到接受者[186]，在影响非正规经营者群体学习行为的同时还使得知识技能的流动表现出"内外区分、强弱有别"的特点。而群体中的强关系又进一步降低了知识传授的风险和成本，增强了群体学习和知识管理的数量、质量和效率。流动中的非正规旅游摄影从业在广州这样的大都市中始终面临着重构社会关系网络的严峻挑战，亲友、老乡、同行成为他们必然的，甚至唯一的强关系选择[187]。在中国特有的关系文化情景中，强关系的调节作用还会推动群体成员在竞争依旧的情况下也乐于互相传授知识技能。关系导向的知识技能传授正是非正规旅游经营者中非正式教育的内在机制。

6.2　标准化经营与作用机制

技能的共享推动了经营的标准化。有别于正规企业的标准化经营，非正式部门的标准化经营并非针对经营管理中的每一个环节、每一个部门、每一个岗位而制定科学化、量化的标准，从而按照标准进行管理。相反，非正规就业群体是一个同质性较高的群体集合，其内部的标准化经营显得更加表面化和粗放化，针对一些可视化的经营条件形成统一的标准，使每一位非正规旅游摄影从业者能够在相似的经营条件下都具有赚钱的能力。在非正规旅游摄影从业者群体中，标准化经营主要体现在两个方面：经营条件的统一和定价的统一。而这实际上就是投入产出的统一。在此基础上，本章讨论标准化经营的作用机制。

6.2.1　统一的经营条件

非正规旅游摄影从业者的经营条件包括提供产品的时间、地点、设备、技巧及产品。自组织行规规定非正规旅游摄影从业者群体通过共享经营知识在以上方面达成统一。而这种统一实际上是一种"相似性"，并非准确的一致。

如表 6－1 所示，对比官方摄影店与非正规旅游摄影从业者群体的经营条件，可以发现，非正规旅游摄影从业者群体的规范性更弱，这在一定程度上源于其"非正规性"以及"自组织性"。

表 6 - 1　官方摄影店与非正规旅游摄影从业者群体的经营条件对比

种类	官方摄影店	非正规旅游摄影从业者群体
群体规模	平日 6 人，节假日 8 人，黄金周、春节期间 10 人。有固定值班表，每日配备 1 名"领班"	平日 100 人左右，雨季、冬季等游客淡季 50 人左右，春节、国庆节等节假日 150 人左右，没有固定的值班安排，非正规旅游摄影从业者根据自身情况安排
经营时间	从 13：00 营业至 22：00，全年无休	在 9：00 至 23：00 的随机时段营业，除恶劣天气及领导巡察等日子外，全年无休
经营地点	营业地点固定在西广场的官方摄影店，包括一间小木屋和一个摄影台	无固定经营点，流动于广州塔景区东、西广场，地铁 A 出口处及珠江岸边
经营工具	佳能相机；柯达相纸；打印机；纸质相册和电子相册；电脑（用于照片的无线传输和观看）	佳能、尼康相机；普通相纸；打印机；统一纸质相册；自行车（来往于景区和打印机两地）
经营技巧	将摄影设备架好在摄影台前，安排 2 个员工守候在摄影台旁，向走过的游客推销照片，"八元一张，即影即有"，另有 2 名员工在摄影屋内负责游客咨询	背斜挎包，一手拿单反相机，另一手拿相册，尾随游客，向其兜揽销售，并吆喝"帅哥（美女），广州塔全景，十元一张!"或者"600 米全景，帅哥美女来一张!"，情绪相对热情高昂
经营产品	纸质照片、电子照片	纸质照片、电子照片

资料来源：根据访谈资料整理。

　　虽然非正规旅游摄影的经营条件不如官方摄影店，但是它把非正规旅游摄影从业者约束在一定的范围内，形成了相对的统一性。其中，非正规旅游摄影从业者群体最为强调摄影设备的统一，例如相机、打印机、相册等耗材的统一性（见图6-1）。首先，统一的设备能够向外界传递一个信息——该群体是一个有组织的群体而非散兵游勇；其次，统一的设备能够保证产品质量的一致性，从而能够加强产品的可控性；最后，统一的设备能够方便技能的传播和知识的迁移，有利于群体的管理和创新。

图6-1 非正规旅游摄影从业者群体的摄影设备

6.2.2 统一的定价策略

统一定价的目的在于避免由于降价带来的恶性竞争。统一的定价是非正规旅游摄影从业者群体在自组织过程中所达成的一个共识，因而成为非正式行规的重要规则之一。定价策略包括产品定价、产品折扣、产品订金三个方面。

首先，在产品定价方面，非正规旅游摄影从业者群体多年来都遵循同一个定价标准，根据照片的小、中、大型号定价为10元/张、20元/张、30元/张。同时，游客无需额外消费就能获得电子照片，也就是说，电子照片为免费赠品。而在此基础上，非正规旅游摄影从业者群体可以给予游客合理的折扣。这些折扣只能面向消费额大的消费者，要体现产品折扣的合理性，保证目前产品定价的合理性。例如，如果游客D一次性消费10张小型号照片，那么非正规旅游摄影从业者可以按照游客的需求酌情降价，给予 8 折折扣，仅售 80 元。另外一种情况则是，如果游客 E 一次性消费 5 张照片，非正规旅游摄影从业者可以额外免费赠送一张照片。由于游客的消费一般都是小额消费，每次交易额在 20～30 元居多，超过 50 元的较少，这种面向大额消费者的产品折扣策略并没有严重影响其他非正规旅游摄影从业者群体的正常经营。

其次，相对弹性的定价策略能够提高游客的消费意愿，从而提高非正规就业者的经营收入，是一种适当的调节，因而被默许。

我们基本上都能保持差不多的价位，不过也是可以稍微降价。但是你如果要一张，要怎么降价呀？打个比喻，你照六张，我收你五张的钱，就等于打了个八折，对吧。这样我们就可以降价，但是如果只照一张，你让我怎么降价呀，对吧？本来就十块钱。——M20

最后，产品订金是最近出现的一种收费现象。由于照片打印后游客不认账的事件时有发生，非正规旅游摄影从业者群体就提出一种订金制度：在拍照以后、打印之前，向游客索取 10% 的费用作为订金，以避免消费者不认账的现象。如果消费者愿意，也可以选择在打印之前全额支付费用。这是最近出现的一种策略，非正规旅游摄影从业者纷纷开始采用，一方面能够有效避免游客反悔带来的成本损失，另一方面也能够营造一种"行规"，让游客欣然接受。

游客在这里等，但每张照片需要先付 1 元钱的订金，那样的话就算他走掉，也不会亏很多。——M11

总的来说，统一的价格是非正规旅游摄影从业者群体长期经营的经验总结，反过来用以约束群体成员的行为，通过合理的定价策略来保证群体内部的良性运作和利润的获得。而产品价格之所以得以统一，不只是因为群体成员对于产品价格的要求，更重要的是源于非正规旅游摄影从业者群体在投入方面的控制，如相机、打印机、相纸等耗材成本的控制，以及相片大小型号的控制。只有做到投入一致，才能实现产出一致。而这种投入产出的统一性，从某种程度上反映了非正规就业群体的系统性。

6.2.3 标准化作用机制

非正规旅游摄影从业者群体的标准化包括经营条件和产品价格两种。一方面，标准化是一种技术知识的编纂，是技术知识在实践中的一种"惯例"呈现，被认为可以产生"令人快意的学习转化效果"[188]。另一方面，定价标准化是非正规群体在面对流动性环境下的必要措施，可以起到稳定市场环境的作用。具体来讲，非正规经营者的巨大流动性和参差不齐的能力水平给知识的传授学习造成相当的难度，建立兼顾各方、相对一致的标准化知识体系，形成适宜的知识流动环境，可以实现以知识技能为基础的标准导向合作共享[189]。针对单反相机使用技术门槛较高而成员接受能力偏低的实际情况，非正规旅游摄影从业者群体采取了统一硬件设备的标准化策略，显著降低了知识学习的难度，提高了知识传授的效率，达到快速易学的效果。同时，非正规旅游摄影的经营操作环境复杂而不确定，标准化程序可以降低工作任务的复杂性，群体采取了摄影耗材和打印设备的标准化共享，既提高了旅游摄影经营活动的稳定性，又降低了大家的经营成本。至于打印照片必不可少的彩色打印机，群体采取了统一购买、共享使用的方式，还安排专人负责设备管理。以此，通过标准化实现知识技能资源的整合共享及市场的稳定[190]。

非正规旅游摄影经营群体在实践中采取了标准化的策略来实现流动性群体利益这一效果。区别于正规企业的全流程标准化，非正规经营群体的知识标准化由于是众多异质性主体参与的复杂、动态建构过程，流动性强，显得相对粗放，仅仅针对部分容易操作的知识技能环节形成了统一标准管理，如相机、打印机、相纸、相册、墨盒的共享等。但即使是局部的标准化共享，也已经显著地减少了知识流动的障碍，提高了技能学习的效率并强化了市场稳定性。知识在群体内部被知识输出者传授出去，通过标准化的转化通道被知识接收者吸纳，实现了知识存量的不断积累；群体知识资源的调动为每一个成员服务，大大提升了群体组织应对市场不确定性的生存发展能力。同时，标准化的定价策略是非正规群体自组织有效运转的保证。这种标准导向的集体共享实践促使所有成员为了共同的互惠互利目标进一步达成更加紧密的结合[191]。

6.3　一体化经营与作用机制

随着自组织的不断推进，非正规旅游摄影从业者群体从一个以非正规旅游摄影为单一工种，兼顾揽客、拍照、打印等多项功能的单一型非正式部门，逐渐发展为涵盖打印机看守员、摄影师、揽客中介等多项工种且每项工种负责专业化职能的综合型非正式部门。垂直分工的尝试，是非正规旅游摄影从业者群体实现自组织的产物。它源于群体横向一体化所产生的规模效应，逐步形成纵向一体化，推动群体向一个以大规模的非正规摄影为核心产业，涉及消费者和政府部门等相关支撑机构，有利于组织协调的空间集聚体[192]。从本质上看，空间集聚体的出现促成了产业集群，是一个把非正规旅游摄影从业者群体视为旅游小微企业的简单结构的产业集群。非正规旅游摄影从业者群体的自组织过程是一个从"无序"到"有序"的规模集聚过程。形成规模是因为有自组织的推动，而形成垂直分工是因为有群体一体化、有序化的保证。本节将分析非正规旅游摄影从业者群体自组织的规模化、一体化及其作用机制。

6.3.1　规模效应形成

规模效应是指因规模增大而带来的经济利益的提高。这是一个经济学概念，强调由单个产品成本最小化所带来的盈亏平衡点。与此相区别，非正规旅游摄影从业者群体的规模效应更强调收益而非成本。它主要体现在两个方面：制度上的默许和经济上的收益。即通过规模化和组织化来促成集体行动，从而获得公众的认可，稳定生存环境并提高经营利润。这是非正规旅游摄影从业者群体的规模效应的表现。

非正规旅游摄影从业者群体规模化的效果最早体现在发展期。自2012年开始，随着来自周边不同景区的同行加入，非正规旅游摄影从业者群体不断壮大，通过联名上书的方式要求政府部门默许经营。联名上书的成功证明了集体行动的力量，从此推动了非正规旅游摄影从业者吸纳成员、争取集体利益的行动。值得强调的是，这种规模效应之所以生效，绝非仅仅因为非正规旅游摄影从业者群体的规模化，而是在于该群体自组织形成的有序化。这种有序的组织行为在一定程度上能够节省城管、景区等官方部门的管理成本，因而获得"不管制"的豁免。

随着官方部门的默许，非正规旅游摄影从业者群体也得到了游客的认可。这些游走在广州塔景区广场且没有任何部门归属的非正规旅游摄影从业者，通过礼貌待客、统一定价、规范经营等大规模的集体行为说服了游客，让其放下对非正规就业者的成见和顾虑，认为这是一个有组织的"团队"，从而放心光顾。"胖子"（M09）等多位非正规旅游摄影从业者所提供的数据显示，"30%的游客在选择官方摄影店的服务后，会因为不满意而光顾非正规旅游摄影从业者群体"。原因在于，官方摄影店员工的拍照技术并不专业，部分游客对照片并不满意。这样一个事例可以证明，在游客的心中，非正规旅游摄影从业者群体与官方摄影店处于可对比的地位，都是被认可的。另外，"胖子"（M09）表示，除了获得游客的认可，非正规旅游摄影从业者群体也获得了外界的认可，外来人员不敢随意践踏该群体的"行规"，也不敢随意偷窃群体的物品。

（打印机）以前放这边，放到这个草地里面，有别人拿我们的打印机，被我们抓住了。现在放在那边，也没有人敢拿，因为多了嘛，我们都放在一块，别人看到这么多东西，肯定不会拿。如果只有一点点，别人可能就会拿。——M09

通过规模化和组织化，得到城管、景区等官方部门的默许及游客等社会公众的认可，非正规旅游摄影从业者群体由此获得了较为可观的利润，而这就是非正规旅游摄影从业者群体规模效应的最终呈现。根据2014年的抽样调查结果（见表6-2），非正规旅游摄影从业者群体的月收入集中在1 001~5 000元，平均月收入3 500元左右，且在春节、国庆节等节假日所在的月份有 2～3 倍的增幅。区别于普通厂工 3 000 元左右的月薪，非正规旅游摄影从业者群体的月收入相对可观。可以说，这是该群体经营多年争取的成果，是其自组织的成绩。

表 6 - 2　非正规旅游摄影从业者群体的月收入分布（抽样调查）

月收入	人数	百分比
1 000 元或以下	1	3.3%
1 001～2 000 元	7	23.4%
2 001～3 000 元	7	23.4%
3 001～4 000 元	9	30%
4 001～5 000 元	4	13.3%
5 001～10 000 元	1	3.3%
10 000 元以上	1	3.3%

资料来源：根据问卷调查数据整理。

6.3.2　垂直分工试行

非正规旅游摄影从业者群体的自组织推动该群体在广州塔景区中形成了一个空间集聚体——非正规空间。由于集聚体在空间上的接近性、高密度性和一致对外性，非正规旅游摄影从业者群体实现了规模效应，提高了该群体的经营效率。而随着该群体的规模化扩大，其产业链也得以延伸，出现了揽客中介、设备看守员等多个工种，非正规旅游摄影从业者群体内部试行垂直分工。

随着群体进入发展自治期，群体规模空前壮大，非正规旅游摄影从业者群体不断推荐身边的老乡、亲戚等熟人加入群体。这些新成员包括一些年龄较大、学习能力较差且缺乏资金的老年人，在群体成员的商讨下为其安排了一个打印机看守员的岗位。同时，一些中年成员的儿女在寒暑假来到广州，为了维持生计，这些成员则让其儿女在广州塔为其揽客。这样一来，新的就业岗位——设备看守员和揽客中介出现了。这是群体内部分工的试行，具体见表 6 - 3。

表 6 – 3　非正规旅游摄影从业者群体内部分工

	摄影师	设备看守员	揽客中介
工作内容	兼顾揽客、拍照、打印的经营全过程	看守、摆放打印机，必要时帮忙操作打印机	揽客，成功后把顾客对象输送给目标对象（非正规旅游摄影从业者）
人物特征	普通非正规旅游摄影从业者，无特殊性	以学习能力差的老年人为主	以老成员的幼年子女为主，专职帮助父母揽客
目前人数	100 人左右	2 人	5 人左右

资料来源：根据访谈资料整理。

目前，非正规旅游摄影从业者群体内部尚未形成完全的职业分化，群体内部依然将摄影师作为核心群体，新岗位的出现只是一种探索与尝试。然而，根据以往的经验，伴随着非正规就业群体的规模化和组织化，中介群体将继续扩大，生产与销售的分工愈发明显。非正规旅游摄影从业者群体的产业链不断往下游衍生，形成纵向一体化。Powell 的研究表明，自组织作为市场与层级之外的第三种治理机制，特别适用于社会的真空地带[46]，如政府管制之外的非正规就业部门。社会分工是社会发展的必然结果，因而社会的第三种模式——自组织模式也必定推动非正规就业群体实现垂直分工，形成一种合作与共享的生态。

6.3.3　一体化作用机制

非正规旅游摄影从业者群体为保证正常运转，在群体规模形成后，建立了等级有序的分工体系。而分工体系的有效建立取决于群体组织中存在一个或者若干个领袖或精英人物。他们承担着带头人、主持人的角色，能够有效地影响组织内其他成员的态度和行为，被称为"能人现象"[193]。本书中的非正规旅游摄影从业者群体就是通过一个掌握摄影技术的能人带动一群小能人，然后小能人又各自带动自身人脉，滚雪球般逐步形成群体组织。"胖子"（M09）等人即群体中的能人。他们不仅向成员分享设备选择、摄影技术、经营技巧等知识或经验，而且通过产业分工形成组织等级体系。他们具有较大的支配力和影响力，能够将流动的群体成员划分为核心、次核心、外围的不同圈层。究其根源，是在这个群体中，他们作为"领袖"和"精英"，掌握了一定权力。

权力就是一个人或组织对其他人或组织的影响能力。中国人强烈的等级意识直接促成了非正规旅游摄影从业者群体中的"等级序列"。拥有较多知识技能和经营经验的成员通过知识技能的共享获得权力，从而占据核心位置，成为群体决策的制定者，具有发言权和号召力。这种权力与上述的权力并非相同的概念。上述的权力是非正规旅游摄影从业者群体利用规模形成的对外话语权。而垂直分工等级秩序建立的权力是群体内拥有较多知识技能和经营经验的成员通过知识技能的共享获得权力，从而占据核心位置，成为群体决策的制定者，具有发言权和号召力。这种权力是组织精英对规模群体有效运转的把握。

6.4　本章小结

非正规部门强调解决就业，增加家庭收入，从事非正规工作的群体更多的是社会底层或困难人群[105,174]。区别于化工行业、互联网行业、制造业和保险金融等正规行业[32]，非正规部门是一个低技术、低门槛的就业部门。然而，不同于流动小吃摊贩、脚踏车司机等城市非正规就业群体，非正规旅游摄影从业者群体的技术含量较高，拥有一定的资产专用性，这为群体内部的知识共享提供了氛围。非正规旅游摄影从业者群体的效果形成过程分为三个阶段，即技能共享、标准化经营、一体化经营，分别对应关系导向、标准导向、等级导向的作用机制，见图 6 − 2。

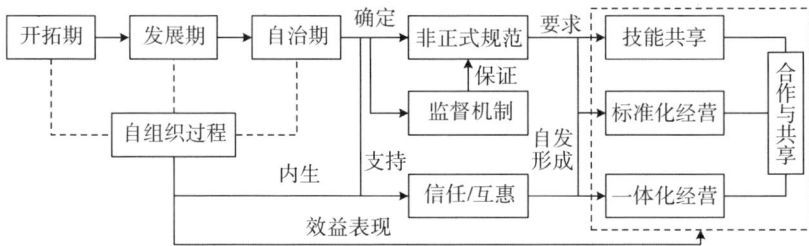

图6-2　非正规旅游摄影从业者群体的效果形成过程

从图6-2可以看出，技能共享、标准化经营、一体化经营等共享与合作行为是从两个途径实现的。首先，自组织所确立的非正式行规要求群体内部实现知识共享和分工合作，因此合作共享是在非正式行规约束下的集体行动目标。其次，自组织所组建的熟人社会通过内部的信任、互惠机制自发实现合作与共享。徐小芳提出，信任机制是维持中小企业一体化经营组织体系稳定性的重要因素，亦是一体化组织成功的前提[194]。由此可见，无论是关系导向、标准导向还是等级导向，信任、互惠是非正规旅游摄影从业者群体实现共享合作的根本原因。它一方面通过保证非正式行规的落实而要求群体成员实现知识共享，另一方面直接推动了知识共享、标准化经营、一体化经营的实现。一体化经营能够为更多不同背景的社会劳动力提供就业机会，具有一种扩大就业的效果，这是群体自组织的重要成效。

7 结语

7.1 结论

本书以广州塔作为案例地，以非正规旅游摄影从业者群体为主要研究对象，通过质性研究方法揭示了旅游非正规群体自组织的形成过程、支撑体系和影响效应，并构建了自组织模型，如图7-1所示。非正规旅游摄影从业者群体的自组织经历了开拓期、发展期、自治期三个阶段，形成了一套非正式行规和监督机制。自组织过程以公共空间为土壤，以社会网络作为保障，最终实现合作与共享，从而达到获得就业机会和扩大就业的目标。具体的研究结论如下：

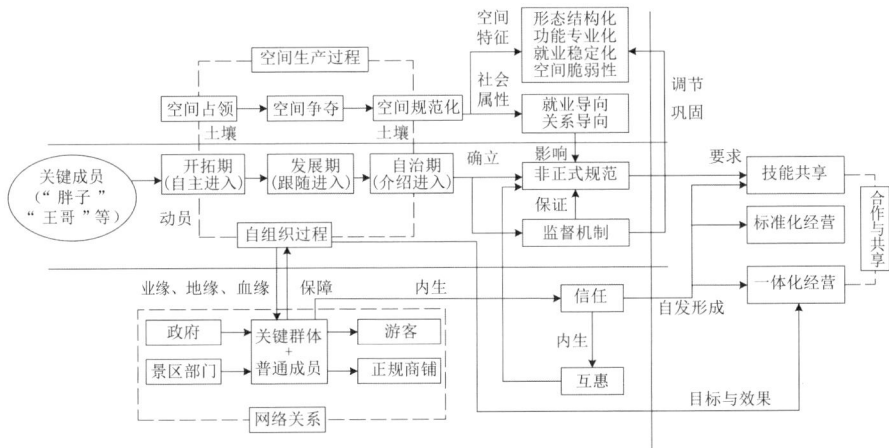

图7-1 自组织模型

非正规旅游摄影从业者群体的自组织以将非正式行规当作治理原则，全员参与、全员监督。与传统的"统治""管理"等概念相比，"治理"意味着各种公共的或者私人的机构或个人管理共同事务的诸多方式的总和，它是不同利益得以调和并采取联合行动的过程，包括有权迫使人们服从的正式规章制度，以及各种人们同意以符合其利益的非正式制度安排[195]。而非正规旅游摄影从业者群体的治理更多指后者。2010年广州塔景区开业以来，非正规旅游摄影从业者群体逐渐摆脱来自政府、景区等社会力量的制度约束，通过自发的力量形成自治。自治理的过程是该群体从"无序"到"有序"的演化过程。它强调非正式行规作为新的治理原则发挥的作用，涉及进入机制、成员管理、内部合作、对外策略、经营方式五个维度。其中，进入机制、内部合作、对外策略等涉及经营管理的三个维度最为强调，而成员管理、经营方式等涉及职能管理的维度的重要性则相对较弱。这种重经营、轻职能的自治理方式恰好迎合了非正规就业群体的"非正规性"——非正规旅游摄影从业者群体的自组织并非通过正规化的层级、权力来实施管理的，而是以获得就业机会和经营利润为共同目标来相互约束。在此情况下，非正式行规强调治理人与被治理人的身份合一，权力不再扮演核心角色，治理者与被治理者不再是二元对立的，而是协调的、合作的，强调正向鼓励、主动参与的原则。

实际上，非正式行规就是非正规旅游摄影从业者群体口中的"行规"，依托经验积累而形成，具有不成文的特征。非正式行规没有固定的传播方式，更多依靠群体成员以身作则、潜移默化、口口相传的方式扩散。区别于政府"他组织"的规章制度，自组织具有自下而上的管理特征，因而"行规"深入民心，具有强而有力的管理效果，使非正规旅游摄影从业者群体在管制之外实现自我管制、有序经营。

非正规旅游摄影从业者群体的自组织的治理规范嵌入血缘、地缘的规则为运行逻辑，体现了关系网络的保障作用。非正式行规是非成文的。它的执行与监督依托于非正式旅游摄影从业者群体内部网络所积聚的信任和互惠机制，同时依托与政府、景区、正规商铺等外部网络所构建的合作伙伴关系。内部网络、外部网络将非正规旅游摄影从业者群体放置于一个由多重关系构建而成的、具有保护作用的社会网络中，从而降低经营风险并提高经营效率，保障了非正规旅游摄影从业者群体的自组织实现。

广州塔周边非正规旅游摄影从业者群体的案例显示，自组织更为强调内部关系的保障作用。从"胖子"（M09）和"王哥"（M14）等人的动员开始，非正规旅游摄影从业者群体经历了自主进入、跟随进入、介绍进入三种成员吸纳方式，并以最后一种"老乡带老乡""熟人带熟人"的介绍进入方式为主要途径。这种以业缘、血缘、地缘连接的规模化方式决定了群体内部高密度的社会关系现状，从而催生了一套以信任和互惠为支撑体系、以非正式行规为表现形式的运行逻辑，以避免群体成员的投机行为。嵌入血缘、地缘的运行逻辑印证了罗伯斯所提出的"支配原则"，即一套以"嵌入家庭、社会、朋友或者族群中的个人关系和网络"为基础的规则。[115]然而，在本案例中，这套嵌入社会关系的运行逻辑更具中国特色，它强调等差有序、内外有别的处事方式，符合了费孝通所提出的"差序格局"[64]。非正规旅游摄影从业者群体通过区分"生人"和"熟人"来给予不同的成员待遇，如技能共享、经营位置等，使得边缘群体内部实现二次分化，形成一种"核心—次核心—边缘"的垂直权威，能够在缺乏正式等级结构的社会群体中发挥效用。相比于正式的、合法的或者以契约为基础的治理机制，以血缘、地缘关系为核心的自组织更加适用于政府体制无法覆盖的真空地带，也即本案例中的非正规经济。

非正规旅游摄影从业者群体的自组织更为强调民间领袖的能人效应。金太军指出，自组织能够发生的关键不只在于群体是否拥有足够的社会资本存量，也在于是否存在一个或者若干个民间精英，精英的个人能力将有效支持个体成为群体的领导者，比如任务的组织协调能力和发展成员的能力[63]。周俊和赵晓翠也指出，自组织在群体层面主要是通过能人效应和组建互助小组的方式实现群体治理[196]，而本研究发现自组织这种现象在非正规旅游摄影从业者群体中体现得格外明显。原因在于，非正规旅游摄影从业者大多是受教育程度低、缺少本土人脉的"降级的劳动力"，他们缺乏资本、能力和自信，难以对外界作出准确判断。因此，他们非常信任群体中那些表现突出的、有影响力的、有独到眼光的精英群体，并跟随他们的行为。反过来，群体内那些有胆识、有集体观念的人群，必然能够迅速在群体中脱颖而出且获得其他群体成员的信任和追随。也就是说，在社会资本和人力资本存量较低的自组织群体中，民间领袖更能通过其所在的"权力的文化网络"影响其他成员的态度和行为，并通过带头人的角色而不断固化自身的地位和威望。

在广州塔的案例中，"胖子"（M09）和"王哥"（M14）等4或5人组成的群体充当了民间领袖，并发挥了强大的能人效应。"胖子"（M09）和"王哥"（M14）等人的领袖作用始于2010年的动员，并通过"行规"制定、矛盾调解等具有影响力的行为不断被固化。后来，"胖子"（M09）和"王哥"（M14）等人成了景区、城管部门管理非正规旅游摄影从业者群体的代理人，他们作为被信任的"第三方"，通过上传民意、下达命令的方式来协调双方。然而，当发生冲突时，"胖子"（M09）和"王哥"（M14）等人会明确自己作为非正规旅游摄影从业者群体领袖的身份，领导其他成员一致对外。由此可见，民间领袖在非正规旅游摄影从业者群体的自组织过程中发挥了关键作用。

非正规旅游摄影从业者群体的自组织以公共空间为土壤，具有公共空间占有特性。空间往往弥漫着社会关系，它被社会关系支持，也生产社会关系。非正规旅游摄影从业者群体的自组织产生于特定类型的公共空间，以广州塔景区周边的游憩空间为土壤，经历漫长的空间占领、空间冲突、空间"就地规范化"的过程而完成空间重构，塑造一种新的特殊的空间形式——缝隙空间[166,197]。由于这种缝隙空间以非正规经济活动为主要生产关系，本书将其称为"非正规空间"。从社会意义上讲，非正规空间是一种由草根力量推动的"非国家空间"，它游离于国家体制之外，为社会边缘劳动力自发的经济行为所塑造，是社会底层结构享有"城市权利"的表现。在非正规空间中，非正规旅游摄影从业者选择在高密度人流区域摆卖，集聚或扎堆分布，灵活流动，并与其他空间使用者——游客、官方摄影店员工等利益相关者建立良好关系，共同维护公共空间上所叠加的非正规从业空间的稳定性。总的来说，公共空间为非正规旅游摄影从业者群体的自组织提供了成长土壤，并形成一种公共空间占有特征。

　　经历了多年发展，非正规旅游摄影从业者群体基于就业经验和生存所需，不断丰富空间的知识，使其越来越接近一个无需外界指令的、自主创生演化的、复杂的自适应系统。系统中呈现出属于这个空间的活动、话语、权益等诸多特征，例如表现为形态结构化、功能专业化、就业稳定化、空间脆弱性等空间特征，以及强调就业导向、关系导向的社会属性。这些特征源于非正规旅游摄影从业者群体的自组织行为，反过来又能影响自组织行为。例如，非正规空间的关系导向、就业导向导致了非正式行规强调熟人关系、重经营管理的倾向，而这种倾向反过来又能调节并巩固非正规空间的结构化、专业化、稳定化等特征，空间与自组织之间体现出一种双向循环的作用机理。

　　非正规旅游摄影从业者群体在自组织中实现共享与合作的效益，达成扩大就业范围的目标。本研究发现，他们的就业目标为"获得就业机会"，而其实现自组织的目标则是"更好地就业"，通过共享与合作来实现扩大就业范围的愿景。非正规旅游摄影从业者群体的自组织实际上就是一种类单位制、类公司制运作[11,198]，要求群体内部实现合作与共享，从而实现扩大就业的目标。合作与共享主要分为简单的三个阶段，即技能共享、标准化经营、一体化经营，分别对应关系导向、标准导向、等级导向的作用机制。在这个过程中，信任和互惠是实现合作共享的重要支撑。一方面，信任与互惠通过保证非正式行规的落实而要求群体成员实现知识共享；另一方面，信任、互惠机制直接推动了知识共享、标准化经营、一体化经营的实现。总的来说，高度互信和互助的群体氛围受到了成员的青睐，成了创造力和绩效的源泉[199]。

　　在合作与共享的过程中，非正规旅游摄影从业者群体以社会网络关系为导向，通过共享的方式形成一套行业标准，如统一的价格、统一的设备、统一的技术等，最终实现群体内部有序的经营，为群体的规模化提供保障。此外，标准化运营方式能够为社会公众制造一种类似于正规就业的表象，同时是具有较高的自适应的积极表现，从而获得游客的认可与光顾，就业利润因而得到提升。而在就业规模和就业利润都得以保证的情况下，非正规旅游摄影从业者开始尝试生产链的上下游延伸，丰富就业类型，从而进一步扩大就业规模和就业利润，以便在利基市场上更好地生存。这种通过自发的、共享的、合作的力量来实现群体组织化、规模化、分工化的方式，正是非正规旅游摄影从业者群体推行自组织的动因，更是其实现自组织的最终产物。

综上可得，非正规旅游摄影从业者群体的自组织是一个共创、共治、共享的过程。在关键人物的动员下，非正规旅游摄影从业者群体以街角空间为载体、以社会网络为内在支撑体系，组建团队并迅速发展壮大，此为共创；群体的规模化推动了自治理，群体内部形成一套非正式治理规范和监督机制，群体成员既是治理者又是被治理者，此为共治；自组织固化了互惠与信任，促进非正规旅游摄影从业者群体内部实现知识共享，并推动标准化经营和一体化运营，此为共享。这是一个从"无序"走向"有序"的过程，在某种程度上验证了波兰尼的反嵌入性理论[114]，即一种以网络关系为运行逻辑的非市场规则"反嵌入"市场制度之中，能够在社会福利不足时提供替代性的运行规则，在逻辑上具有合理性和合法性。

7.2　讨论

非正规就业的管理一直是政府、学界热议的话题，特别是在城市标志形象区域经营的旅游非正规群体。由于高密度的客流量及逐步放松的制度环境，广州塔景区的游憩区域成为非正规旅游摄影从业者群体集聚的空间。然而，这些非正规旅游摄影从业者并非完全处于管制之外，而是处于一种与现有理解非常不同的"管制"之中。这种"管制"形式既不是简单的政府干预，也不是某种地皮组织的强行控制，而是一种表现为以自组织为手段的，由非正规旅游摄影从业者群体、城管部门、景区部门、游客等多方力量共同影响的、复杂的自治理结构。广州塔周边的非正规旅游摄影从业者群体的自组织案例揭示了旅游非正规群体在利基市场上生存的能力，他们的存在具有合理性和普遍性。

反思我国许多大城市的管理策略，城管部门为了维护城市形象和秩序，对旅游非正规群体一直采取驱逐和排斥的治理机制，试图清除这种杂乱的缝隙空间。然而，政府强势、自上而下的管理行动往往不一定奏效，由于影响旅游非正规群体的生存而引发持续的空间冲突，甚至导致一种"双输"的结局。以此为鉴，有学者建议将非正规就业活动纳入城市规划政策的框架之中，并尝试引导其向正规化发展，如设置摊贩中心或建立空间疏导治理机制[116,120]，允许非正规就业者在特定的时间、地点以特定的方式进行经营。然而，Steel 对拉丁美洲城市政府管制和旅游街区游贩抵制之间的空间政治问题的研究表明，正规化手段更多是以正规为参照体系去对待非正规的"正规本位主义"[22]，以稳定、规范的正规性来改造流动、灵活的非正规性，不可避免导致非正规经济优势的丧失，并带来非正规就业重返街头的反效果。

广州塔周边非正规旅游摄影从业者群体的案例表明，旅游非正规群体可以有一套自发的、自创的、自治的自组织模式。群体内部具有明确的角色分工，等级分明，尽管能力不一定互补，成员之间相互尊重，通过某种不成文的、弹性的奖惩制度约束成员行为。非正规旅游摄影从业者群体的自组织既能满足旅游非正规群体的就业诉求，也能达到政府部门对旅游非正规就业部门的管理目标，是一种"双赢"局面。然而，这种"双赢"的局面是脆弱的。非正规旅游摄影从业者群体与政府部门的合作处于动态的变化中，是管制与反管制不断协调的结构。政府部门片面地加强管理并不能真正地实现有效的管理，反而容易引发"失序"状态。只有政府部门与旅游非正规群体协商配合，才能真正实现有效的二元管理，提高社会对旅游非正规群体的管理效率。

政府与旅游非正规群体合作的一个重要渠道，就是设置代理人，通过代理人来实现管理目标。在非正规群体的自组织过程中，代理人往往就是领导者，发挥着至关重要的影响作用。有效的非正规群体领导人能够在需要时与群体以外的利益群体建立合作关系、搜集必要的信息，劝说群体成员和外部相关者支持行动，从而使群体取得成功。在广州塔周边的非正规旅游摄影从业者群体中，"胖子"（M09）、"王哥"（M14）等人就充当了群体代理人的角色。他们作为群体的核心人物，既负责组织协调群体内部任务并发展成员，也负责与政府部门建立联系，如联名上书政府要求允许经营、与城管部门达成合作等。代理人的权力并非来自正式授权，而是源于代理人在群体首创的功绩，也源于代理人在处理内外部矛盾时扮演的角色和发挥的作用。他们有胆识、有经验、负责任，善于组织与协调，具有号召力和影响力。因此，对于政府部门而言，寻找或者扶持合适的管理代理人是实现旅游非正规群体管理目标的关键所在。

广州塔周边的非正规旅游摄影从业者群体的自组织模式具有广泛的推广意义，能为其他旅游自我雇佣就业者、旅游流动摊贩、旅游小微企业的生存发展提供借鉴。大多数研究认为，旅游小微企业具有小规模、低投入、无组织、低门槛等特征，是结构性失业者维持生计、增加收入的暂时性、投机性就业行为，仅仅是一个"就业过渡途径"[200]。然而，非正规旅游摄影从业者群体的自组织模式证明了旅游小微企业存在的合理性和适应性，并解释了旅游小微企业能够在政府的制度框架之外自发形成管制和约束，引导企业群有序地发展。特别是诸如非正规旅游摄影、自行车租赁、家庭旅馆等具有一定技术壁垒和资本壁垒的旅游小微企业，具有丰富的行业话语，因而更应该通过行业内部自我管理来形成标准化管理，扩大就业群体规模，并适当延伸产业链，形成稳定的、积极的就业渠道。实际上，这样一种自组织行为能够强化旅游小微企业作为"就业海绵"的作用，吸纳社会上那些缺乏物质资本、人力资本、社会资本的边缘劳动群体，为他们提供就业、创业的空间。另外，政府也应该通过鼓励和约束双管齐下的方式来引导旅游小微企业的发展。一方面，通过一种"自下而上"的自治理方式来带动其实现更高层次的职业发展；另一方面，针对那些以次充好、扰乱城市秩序的行为也应重视并予以合适的管制。

另外，广州塔周边的非正规旅游摄影从业者群体的自组织模式对于旅游非正式部门具有广泛的管理意义，能推广到其他非正式部门。自组织模式弥补了政府部门一贯坚持的零容忍治理和运动型治理的漏洞[179]，实现了针对非正规就业群体的管理，是一种成员参与、经济、有效的管理模式，能够推广到我国政府对其他类型非正式部门的管理中去。另外，非正规旅游摄影从业者群体的自组织模式，类似于怀特笔下的西方街角青年的帮派管理，两者都是脱离政府管制而自发形成的草根阶层的自我管理。然而，两者又存在区别：帮派管理带有地痞管理的性质，管理者在追求经济利益的同时，更追求其在帮派内部的权威和地位；而非正规旅游摄影从业者群体的自组织管理，更多的是一种以解决就业、获得经济收入为目标的，以社会关系为运行逻辑的自我管理模式，强调熟人社会中的信任和互惠，追求有序和可持续发展。故此，广州塔周边的非正规旅游摄影从业者群体的自组织模式并不能直接移植到西方国家对于非正规就业者的管理中，而是应该结合地方文化，进行有益的转化和应用。

7.3 研究展望

7.3.1 研究创新点

研究视角——关注社会边缘群体。随着旅游事业的发展和时间的推移，旅游现象的研究从早期的国家或区域层面逐渐深入到地方和社区层面，研究议题也逐渐从城市整体向居民、游客等个体深入。这种从宏观现象到个体剖析的微观转向使旅游小微企业成了当前学界热议的话题。然而，旅游非正规群体作为一种旅游微型企业，往往被贴上"脏、乱、差"等负面标签，从而导致其生存与发展被漠视。本书尝试将旅游非正规群体作为研究对象进行相关研究，强调对社会边缘群体的人本主义关怀，为旅游非正规群体研究作出有益的补充，并提供本土化知识和经验。

研究内容——揭示看似无序的边缘群体的有序行为。城市主义背景下，非正规就业者往往被视为城市边缘群体或者底层阶级，人员分散、组织程度低，内部活动缺乏秩序和管理。特别是旅游非正规群体大多由地域分散且远离客源市场的就业者构成，其流动性更加突出。换句话说，旅游非正规群体就是一个无序的降级劳动力的集合。然而，基于过去的调研经验，本研究认为旅游非正规群体是一个有序的群体，故此尝试采用自组织理论对其进行解释。总的来说，本研究尝试打破以往强调旅游非正规群体的无组织的惯性思维，从管理学的角度探讨看似无序的社会边缘群体的有序运作模式。

7.3.2 研究不足与展望

本研究从理论背景和现实背景出发，通过严谨的研究思路和论证逻辑对广州塔周边的非正规旅游摄影从业者群体的自组织行为进行了探讨，最终提出一个适用于旅游非正规群体的自组织行为框架，以自组织过程为主线，强调非正规空间的载体作用和社会网络的支撑作用，并指出群体内部的共享、合作、可持续发展是自组织的最终产物。本研究获得了对非正规旅游摄影从业者群体的自组织模式的基本把握，基本达到预期的研究目标，具有一定的理论意义、实践意义和创新性。但由于被研究对象的身份敏感性和排外性，本研究仍存在一定的不足，主要表现在以下几个方面：

第一，研究对象的配合程度不足，访谈资料难以得到量的保证。本研究经历预调研、正式调研、补充调研三个阶段的实地调研，通过"滚雪球"的方式完成 26 个非正规旅游摄影从业者访谈及 5 个利益相关者访谈，保证了访谈主题的信息饱和，确保最大限度地把握该群体运作的整体现状，并解释其背后的运作机制。但该访谈量仍略显不足。原因在于：非正规旅游摄影从业者群体往往因其"非正规性"的身份而对外界保持较高的警惕，不愿意接受访谈，特别是对那些涉及个人信息及关系信息的问题。研究对象的配合程度不足，成了本次研究的干扰因素之一。如果能够完成更多的访谈，本研究的说服力则会更强。

第二，研究对象的理解能力和自我保护导致了研究误差。一方面，由于访谈对象——非正规旅游摄影从业者群体的文化水平不高，未必能够完全理解访谈问题，其回答和反馈容易偏离访谈设计，提供无关或者有偏差的资料。另一方面，该群体由于对外界的敏感以及不自信，倾向于用简短的话语来回答访谈问题。这样一个"提出问题—回答问题—理解回答"的过程容易因受访者自身的条件及其与外界的沟通手法而引致研究误差。本研究已经通过三角互证的方式保证了研究对象回答内容的准确性，尽可能将研究对象由于自身条件因素而导致的研究误差降到最低。

第三，研究的持续性较难得到保证。目前广州塔周边的非正规旅游摄影从业者群体虽然已经进入相对稳定的自组织状态，但是仍然受到政府"运动型治理"的影响。研究团队虽然持续关注着广州塔非正规旅游摄影从业者群体，但是原计划在2017年春节前夕前往案例地进行一次追踪研究，正好遇上节假日政府加强管制力度，非正规旅游摄影从业者全体撤场，导致追踪调研无法如期进行。2020年初暴发的新冠疫情对该群体的影响打击也较大，虽然目前在广州塔周边仍然存在非正规旅游摄影从业者群体，但是从最新的访谈发现，该群体规模有所缩小。

第四，研究的特殊性影响研究普适性的认识。本研究能够为相类似的非正规就业空间、群体提供认识，但广州塔旅游摄影非正规经营活动依附于景区，具有一定的空间边界，且远离居民社区，成员之间表现出明显的熟人关系，便于形成统一体。而那些没有固定经营位置的流动摊贩，如流窜于居民点、交通站点等经营副食品、服装生意的流动摊贩，在其经营空间不确定的情况下，这都需要研究者从更多不同案例进一步探究以下问题：是否能表现出社会网络规则引导下的统一体？是否会发生自组织过程？其自组织过程、空间特征、关系网络和作用效益是否与本研究会有不同？

针对以上问题，展望本研究的未来方向。从微观层面展望，研究人员应该与旅游非正规群体进行长时间的、日常性的沟通，尝试融入其就业环境和生活环境中，以一名"圈内人"的角色进行访谈。一方面，能够降低旅游非正规群体对外来访问者所带有的偏见和抗拒，从而接受访谈，保证访谈样本数量；另一方面，熟人或者局内人的关系能够让访谈更加深入，可以谈及一些涉及个人隐私的问题，诸如收入、人脉网络等，能够帮助访谈者构建一个更为客观、完善的人物关系网络和权责分布图。从宏观层面展望，笔者认为应该基于不同类型的旅游景区去探究旅游非正规群体自组织模式的普适性。笔者认为，不同的旅游景点能够衍生不同类型的旅游非正规群体，如广州塔景区等城市景区所衍生的是"移民型"的非正规旅游摄影从业者群体，而在一些乡村景区所衍生的更多的是"社区型"的旅游流动摊贩或旅游商铺摊点。不同类型的旅游非正规群体内部的网络结构截然不同，因而其自组织的必要性和效果也将有所区别。故此，区分流动摊贩依托的旅游景区类型，辨析其周边的旅游非正规群体的自组织行为的异同，兼具理论与实践意义。总的来说，通过更加科学、有效的方法剖析研究案例，通过更多的案例来构建一种具有普适性的旅游非正规就业自组织模式，是本研究后续关注的主要问题与方向。

参考文献

［1］胡鞍钢，杨韵新. 就业模式转变：从正规化到非正规化——我国城镇非正规就业状况分析［J］. 管理世界，2001（2）：69 - 78.

［2］YUKI K. Urbanization，informal sector，development［J］. Journal of development economics，2007（1）：76 - 103.

［3］ELGIN C，OYVAT C. Lurking in the cities：urbanization and the informal economy［J］. Structural change and economic dynamics，2013（27）：36 - 47.

［4］王丽平. 我国非正规就业发展探析［J］. 宏观经济管理，2013（9）：63 - 64.

［5］秦波，孟青. 我国城市中的街头商贩：政策思辨与规划管理［J］. 城市发展研究，2012（2）：83 - 87.

［6］黄耿志，薛德升，谢妍翰. 非正规就业：女性人力资本积累的一种方式——以广州芳村茶叶市场茶艺表演业为例［J］. 地理研究，2011（4）：699 - 708.

［7］王洛忠，刘金发，宗菊. 城市街头摊贩：非正规就业与公共政策回应［J］. 新视野，2006（2）：66 - 68.

［8］BROMLEY R D J. Informal commerce：expansion and exclusion in the historic centre of the Latin American city［J］. International journal of urban regional research，1998（2）：245 - 263.

［9］ROEVER S，SKINNER C. Street vendors and cities［J］. Environment and urbanization，2016（2）：359 - 374.

［10］怀特. 街角社会：一个意大利人贫民区的社会结构［M］. 黄育馥，译. 北京：商务印书馆，2017：21 - 60.

[11] MORALES A. Planning and the self-organization of marketplaces [J]. Journal of planning education and research, 2010 (2): 182 – 197.

[12] 刘林平. 外来人群体中的关系运用：以深圳"平江村"为个案 [J]. 中国社会科学, 2001 (5): 112 – 124.

[13] 王汉生, 刘世定, 孙立平, 等. "浙江村"：中国农民进入城市的一种独特方式 [J]. 社会学研究, 1997 (1): 58 – 69.

[14] 王毅杰, 童星. 流动农民社会支持网探析 [J]. 社会学研究, 2004 (2): 42 – 48.

[15] MA L J C, XIANG B. Native place, migration and the emergence of peasant enclaves in Beijing [J]. The China quarterly, 1998 (3): 546 – 581.

[16] 李志刚, 刘晔, 陈宏胜. 中国城市新移民的"乡缘社区"：特征、机制与空间性——以广州"湖北村"为例 [J]. 地理研究, 2011 (10): 1910 – 1920.

[17] WAHNSCHAFFT R. Formal and informal tourism sectors: a case study in Pattaya, Thailand [J]. Annals of tourism research, 1982 (3): 429 – 451.

[18] 王金伟, 王国权, 张赛茵, 等. 基于捕获 – 再捕获方法的城市旅游非正规就业群体规模测算：来自北京市的实证研究 [J]. 地理科学, 2022 (7): 1239 – 1249.

[19] 王丽, 郭为, 陈枝. 旅游非正式部门及其就业：自我就业的研究综述 [J]. 北京第二外国语学院学报, 2010 (9): 41 – 48.

[20] 王素洁, 胡瑞娟, 程卫红. 国外社会网络范式下的旅游研究述评 [J]. 旅游学刊, 2009 (7): 90 – 95.

[21] STEEL G. Vulnerable careers: tourism and livelihood dynamics among street vendors in Cusco, Peru [M]. Amsterdam: Rozenberg Publishers, 2008: 78, 90.

[22] STEEL G. Whose paradise? Itinerant street vendors' individual and collective practices of political agency in the tourist streets of Cusco, Peru [J].

International journal of urban and regional research, 2012 (5): 1007 – 1021.

[23] CROSSA V. Resisting the entrepreneurial city: street vendors' struggle in Mexico City's Historic Center [J]. International journal of urban and regional research, 2009 (1): 43 – 63.

[24] WEN T, LI J, LIANG Z. Jiang Hu theory of organizing: in-depth study of self-managing of tourism [J]. Chinese management studies, 2016 (1): 59 – 81.

[25] 罗家德. 自组织: 市场与层级之外的第三种治理机制 [J]. 比较管理, 2010 (2): 1 – 12.

[26] BONNET F, VANEK J, CHEN M. Women and men in the informal economy: a statistical brief [R]. Manchester: WIEGO, 2019.

[27] 陈向明. 质的研究方法与社会科学研究 [M]. 北京: 教育科学出版社, 2000: 68 – 94.

[28] 纽曼. 社会研究方法: 定性和定量的取向 [M]. 7 版. 郝大海, 译. 北京: 中国人民大学出版社, 2021: 401 – 404.

[29] 刘军. 整体网分析: UCINET 软件使用指南 [M]. 3 版. 上海: 格致出版社, 2019: 21 – 40.

[30] 许立达, 樊瑛, 狄增如. 自组织理论的概念、方法和应用 [J]. 上海理工大学学报, 2011 (2): 130 – 137.

[31] 朱广忠. 埃莉诺·奥斯特罗姆自主治理理论的重新解读 [J]. 当代世界与社会主义, 2014 (6): 132 – 136.

[32] KING A A, LENOX M J. Industry self-regulation without sanctions: the chemical industry's responsible care program [J]. Academy of management journal, 2000 (4): 698 – 716.

[33] 李维安, 林润辉, 范建红. 网络治理研究前沿与述评 [J]. 南开管理评论, 2014 (5): 42 – 53.

[34] RIVERA J, DE LEON P, KOERBER C. Is greener whiter yet? The sustainable slopes program after five years [J]. Policy studies journal, 2006 (2): 195 – 221.

［35］刘亚秋，张剑. 农村文化自组织困境的经济动因研究［J］. 经济问题，2023（4）：86－94.

［36］OSTROM E. Collective action and the evolution of social norms［J］. Journal of economic perspectives，2000（3）：137－158.

［37］汪杰贵. 村庄治理现代化进程中农民自组织公共参与逻辑与进路：基于3个典型案例的研究［J］. 农业经济问题，2020（4）：133－142.

［38］PAVLOVICH K. The evolution and transformation of a tourism destination network：the Waitomo Caves，New Zealand［J］. Tourism management，2003（2）：203－216.

［39］王林，廖国一. 从困境到理性：村落遗产旅游中的自组织研究：以龙脊平安寨为例［J］. 旅游科学，2013（2）：36－45.

［40］罗家德，李智超. 乡村社区自组织治理的信任机制初探：以一个村民经济合作组织为例［J］. 管理世界，2012（10）：83－93.

［41］罗家德，侯贵松，谢朝霞，等. 中国商业行业协会自组织机制的案例研究：中西监督机制的差异［J］. 管理学报，2013（5）：639－648.

［42］李友梅. 社区治理：公民社会的微观基础［J］. 社会，2007（2）：159－169.

［43］宋爱忠.“自组织”与“他组织”概念的商榷辨析［J］. 江汉论坛，2015（12）：42－48.

［44］魏道江，康承业，李慧民. 自组织与他组织的关系及其对管理学的启示［J］. 系统科学学报，2014（2）：45－48.

［45］LEYDESDORFF L. Is society a self-organizing system?［J］. Journal of social and evolutionary systems，1993（3）：331－349.

［46］POWELL W W. Neither market nor hierarchy：Network forms of organization［J］. Research in organization behavior，1990（12）：295－336.

［47］GRANOVETTER M S. Getting a job：a study of contacts and careers［M］. Chicago：University of Chicago press，2018：33－50.

［48］彭华涛，潘月怡，陈云. 社会网络嵌入、双元均衡创新与国际

创业研究［J］. 科研管理, 2022 (11): 45 – 54.

［49］李玉刚, 方修园, 杨帆. 社会网络多元化与企业创新绩效: 探索式社会网络还是利用式社会网络［J］. 华东理工大学学报 (社会科学版), 2022 (4): 132 – 148.

［50］GRANOVETTER M S. The strength of weak ties［J］. American journal of sociology, 1973 (6): 1360 – 1380.

［51］孙立新, 余来文. 非正式组织对组织公民行为的影响分析［J］. 江西财经大学学报, 2014 (3): 49 – 59.

［52］WELLMAN B, WORTLEY S. Different strokes from different folks: community ties and social support［J］. American journal of sociology, 1990 (3): 558 – 588.

［53］PALLONI A, MASSEY D S, CEBALLOS M, et al. Social capital and international migration: a test using information on family networks［J］. American journal of sociology, 2001 (5): 1262 – 1298.

［54］李博伟, 徐翔. 社会网络、信息流动与农民采用新技术: 格兰诺维特 "弱关系假设" 的再检验［J］. 农业技术经济, 2017 (12): 98 – 109.

［55］夏德龙. 从 "连带" 到 "关系": 社会网络研究本土化进程探析［J］. 广西民族大学学报 (哲学社会科学版), 2019 (6): 161 – 165.

［56］UZZI B. Social structure and competition in interfirm networks: The paradox of embeddedness［J］. Administrative science quarterly, 1997 (1): 35 – 67.

［57］FREEMAN L C. A set of measures of centrality based on betweenness［J］. Sociometry, 1977 (40): 35 – 41.

［58］BURT R S. Structural holes: the social structure of competition［M］. Cambridge: Harvard University Press, 1992.

［59］黎耀奇, 谢礼珊. 社会网络分析在组织管理研究中的应用与展望［J］. 管理学报, 2013 (1): 146 – 154.

［60］方壮志. 社会网研究的基本概念和方法［J］. 华中理工大学学

报（社会科学版），1995（3）：111－115.

［61］杜赞奇. 文化、权力与国家：1900—1942 年的华北农村［M］. 3 版. 王福明，译. 南京：江苏人民出版社，2010：97.

［62］彭伟，金丹丹，朱晴雯. 团队社会网络研究述评与展望［J］. 中国人力资源开发，2017（3）：57－68.

［63］金太军. 拓展农民合作能力与减轻农民负担［J］. 华中师范大学学报（人文社会科学版），2004（5）：38－39.

［64］费孝通. 乡土中国［M］. 修订本. 上海：上海人民出版社，2006：30－81.

［65］INGRAM P，CLAY K. The choice-within-constraints new institutionalism and implications for sociology［J］. Annual review of sociology，2000（1）：525－546.

［66］OSTROM E. A behavioral approach to the rational choice theory of collective action：presidential address，American political science association，1997［J］. American political science review，1998（1）：1－22.

［67］LUO J D. Guanxi revisited：an exploratory study of familiar ties in a Chinese workplace［J］. Management and organization review，2011（2）：329－351.

［68］CULLEN J B，JOHNSON J L，SAKANO T. Success through commitment and trust：the soft side of strategic alliance management［J］. Journal of world business，2000（3）：223－240.

［69］青木昌彦. 比较制度分析［M］. 周黎安，译. 上海：远东出版社，2001：40－55.

［70］徐和平，孙林岩，慕继丰. 产品创新网络中的信任与信任机制探讨［J］. 管理工程学报，2004（2）：55－59.

［71］张文宏，于宜民. 社会网络、社会地位、社会信任对居民心理健康的影响［J］. 福建师范大学学报（哲学社会科学版），2020（2）：100－111＋170.

［72］邹文篪，田青，刘佳. "投桃报李"：互惠理论的组织行为学研

究述评［J］. 心理科学进展，2012（11）：1879 - 1888.

［73］曹飞廉，万怡，曾凡木. 社区自组织嵌入社区治理的协商机制研究：以两个社区营造实验为例［J］. 西北大学学报（哲学社会科学版），2019（2）：121 - 131.

［74］赵延东，罗家德. 如何测量社会资本：一个经验研究综述［J］. 国外社会科学，2005（2）：18 - 24.

［75］EBENHÖH E，PAHL W C. Agent behavior between maximization and cooperation［J］. Rationality and society，2008（2）：227 - 252.

［76］WAGNER M W，KREUTER U P，KAISER R A，et al. Collective action and social capital of wildlife management associations［J］. The journal of wildlife management，2007（5）：1729 - 1738.

［77］KLEIN D B. The voluntary provision of public goods？The turnpike companies of early America［J］. Economic inquiry，1990（4）：788 - 812.

［78］詹国辉. 社会质量理论框架下村庄治理研究：基于赣东北 D 村的案例探讨［J］. 宏观质量研究，2020（6）：51 - 65.

［79］李志刚，薛德升，LYONS M，等. 广州小北路黑人聚居区社会空间分析［J］. 地理学报，2008（2）：207 - 218.

［80］胡国栋，王晓杰. 平台型企业的演化逻辑及自组织机制：基于海尔集团的案例研究［J］. 中国软科学，2019（3）：143 - 152.

［81］赵衡宇，过伟敏. 移民非正规人居演进及其社会空间绩效的启示：基于系统自组织的视角［J］. 现代城市研究，2015（6）：120 - 126.

［82］杨新华，陈小丽. 城镇生长的自组织微观动力分析：基于行为自主体自适应的视角［J］. 人文地理，2012（4）：73 - 77.

［83］邹晨新. M 夜市的繁荣与消亡：一群乡—城移民摊贩的城市经历［D］. 南京：南京大学，2014：24 - 26.

［84］刘毅华，陈浩龙，林彰平，等. 城中村非正规经济的空间演变及其对土地利用的影响：以广州大学城南亭村为例［J］. 经济地理，2015（5）：126 - 134.

［85］何深静，钱俊希，吴敏华. "学生化"的城中村社区：基于广州

下渡村的实证分析［J］. 地理研究，2011（8）：1508 – 1519.

［86］THORELLI H B. Networks：between markets and hierarchies［J］. Strategic management journal，1986（1）：37 – 51.

［87］杨瑞龙，冯健. 企业间网络的效率边界：经济组织逻辑的重新审视［J］. 中国工业经济，2003（11）：5 – 13.

［88］MILES R E，SNOW C C. Organizations：new concepts for new forms［J］. California management review，1986（3）：62 – 73.

［89］UZZI B. Embeddedness in the making of financial capital：how social relations and networks benefit firms seeking financing［J］. American sociological review，1999（4）：481 – 505.

［90］温晓敏，郭丽芳. 网络治理机制对网络治理绩效的影响：基于共生理论视角［J］. 技术经济与管理研究，2020（3）：109 – 113.

［91］唐建民，李光金，李欣忆. 战略网络视角下集团子公司的差异化管控［J］. 江西社会科学，2016（4）：217 – 221.

［92］宋水正，邵云飞. 联盟组合中焦点企业的网络能力对创新绩效的影响：吸收能力的中介作用［J］. 技术经济，2021（11）：23 – 34.

［93］DYER J H. Does governance matter? Keiretsu alliances and asset specificity as sources of Japanese competitive advantage［J］. Organization science，1996（6）：649 – 666.

［94］刘东. 回应企业网络对经济学的挑战［J］. 南京社会科学，2003（1）：6 – 9.

［95］HINTERHUBER H H，LEVIN B M. Strategic networks：the organization of the future［J］. Long range planning，1994（3）：43 – 53.

［96］徐光，黄莹，谭玲玉. 信息公平与员工知识分享：组织认同的中介作用和公平敏感性的调节作用［J］. 中国软科学，2020（1）：125 – 132.

［97］LANDRY R，AMARA N，LAMARI M. Does social capital determine innovation? To what extent［J］. Technological forecasting and social change，2002（7）：681 – 701.

［98］ZANDER U，KOGUT B. Knowledge and the speed of the transfer and imitation of organizational capabilities：an empirical test ［J］. Organization science，1995（1）：76 – 92.

［99］温湖炜，孙焱林，周凤秀. 非正规部门竞争对企业创新行为的影响研究 ［J］. 科研管理，2019（1）：105 – 112.

［100］黄乾，原新. 非正规部门就业：效应与对策 ［J］. 财经问题研究，2002（4）：52 – 56.

［101］SANDERS R J. Towards a geography of informal activity ［J］. Socio-economic planning sciences，1987（4）：229 – 237.

［102］IYENDA G. Street enterprises，urban livelihoods and poverty in Kinshasa ［J］. Environment and urbanization，2005（2）：55 – 67.

［103］OBENG O F. The informal sector in Ghana under siege ［J］. Journal of developing societies，2011（3/4）：355 – 392.

［104］ASIEDU A B，AGYEI M S J. Traders on the run：Activities of street vendors in the Accra Metropolitan Area，Ghana ［J］. Norsk geografisk tidsskrift-Norwegian journal of geography，2008（3）：191 – 202.

［105］WOLDEAMANUEL M，ABEBE N，SUPANGKAT F. Street vending on Addis Ababa's sidewalks：a sign of vibrancy and identity or a nuisance for pedestrians? ［J］. Journal of urban affairs，2022（5）：1 – 18.

［106］RECCHI S. Informal street vending：a comparative literature review ［J］. International journal of sociology and social policy，2021（7）：805 – 825.

［107］RATHORE G J S. Formality and informality in e-waste economies：Exploring caste-class in urban land and labor practices ［J］. Urban geography，2020（6）：902 – 906.

［108］SCHNEIDER F，ENSTE D H. Shadow economies：size，causes，and consequences ［J］. Journal of economic literature，2000（1）：77 – 114.

［109］ANJARIA J S J. Street hawkers and public space in Mumbai ［J］. Economic political weekly，2006（41）：2140 – 2146.

［110］ MARTIN N. Food fight! Immigrant street vendors, gourmet food trucks and the differential valuation of creative producers in Chicago ［J］. International journal of urban and regional research. 2014 （5）：1867 –1883.

［111］ 陈明星，黄莘绒，黄耿志，等. 新型城镇化与非正规就业：规模、格局及社会融合 ［J］. 地理科学进展，2021，40 （1）：50 –60.

［112］ 姚宇. 国外非正规就业研究综述 ［J］. 国外社会科学，2008 （1）：91 –95.

［113］ 万向东. 农民工非正式就业研究的回顾与展望 ［J］. 中山大学学报（社会科学版），2009 （1）：159 –170.

［114］ 波兰尼. 巨变：当代政治与经济的起源 ［M］. 黄树民，译. 北京：社会科学文献出版社，2016：55 –81.

［115］ ROBERTS B. Informal economy and family strategies ［J］. International journal of urban and regional research，1994 （1）：6 –23.

［116］ 黄耿志，徐孔丹，薛德升. 广州摊贩空间疏导模式及其成功效应的影响因素：基于沥滘村疏导区的实证研究 ［J］. 人文地理，2013 （6）：74 –79.

［117］ CROSS J J. Street vendors, and postmodernity：conflict and compromise in the global economy ［J］. International journal of sociology social policy，2000 （1）：29 –51.

［118］ SMITH M D，KRANNICH R S. Tourism dependence and resident attitudes ［J］. Annals of tourism research，1998 （4）：783 –802.

［119］ 童强. 空间哲学 ［M］. 北京：北京大学出版社，2011：201 –251.

［120］ 黄耿志，薛德升. 非正规经济的正规化：广州城市摊贩空间治理模式与效应 ［J］. 城市发展研究，2015 （3）：51 –57.

［121］ KHAYESI M，MONHEIM H，NEBE J M. Negotiating "streets for all" in urban transport planning：the case for pedestrians, cyclists and street vendors in Nairobi, Kenya ［J］. Antipode，2010 （1）：103 –126.

［122］ BROMLEY R D，MACKIE P K J. Displacement and the new

spaces for informal trade in the Latin American city centre [J]. Urban studies, 2009 (7): 1485 - 1506.

[123] PATEL S, FYRLAN R, GROSVALD M. A framework for enhancing the spatial urban form of informal economies in India: the case of Krishna Rajendra Market, Bangalore [J]. SAGE open, 2021 (2): 215.

[124] 黄耿志, 薛德升. 中国城市非正规就业研究综述: 兼论全球化背景下地理学视角的研究议题 [J]. 热带地理, 2009 (4): 389 - 393.

[125] 任远. 完善非正规就业"上海模式"的思考 [J]. 社会科学, 2008 (1): 119 - 124.

[126] WANG Y P, WANG Y, WU J. Urbanization and informal development in China: urban villages in Shenzhen [J]. International journal of urban and regional research, 2009 (4): 957 - 973.

[127] DEVLIN R T. An area that governs itself: informality, uncertainty and the management of street vending in New York City [J]. Planning theory, 2011 (1): 53 - 65.

[128] WILSON D C, VELIS C, CHEESEMAN C. Role of informal sector recycling in waste management in developing countries [J]. Habitat international, 2006 (4): 797 - 808.

[129] ELGIN C, OZTUNALI O. Pollution and informal economy [J]. Economic systems, 2014 (3): 333 - 349.

[130] CROSS J J. Street vendors, and postmodernity: conflict and compromise in the global economy [J]. International journal of sociology social policy, 2000 (1): 29 - 51.

[131] XU D, PEARCE P L, CHEN T. Deconstructing tourist scams: a social-practice-theory perspective [J]. Tourism management, 2021, 82: 1 - 16.

[132] MAGIDI M. The role of the informal economy in promoting urban sustainability: evidence from a small Zimbabwean town [J]. Development southern Africa, 2022 (2): 209 - 223.

［133］QAYYUM U, SABIR S, ANJUM S. Urbanization, informal economy, and ecological footprint quality in South Asia ［J］. Environmental science and pollution research, 2021（47）：67011 – 67021.

［134］MUNOZ L. "Recovering" public space and race：afro-colombian street vendors in Bogotá, Colombia ［J］. Environment and planning C：politics and space, 2018（4）：573 – 588.

［135］TRUONG V D, HALL C M, GARRY T. Tourism and poverty alleviation：perceptions and experiences of poor people in Sapa, Vietnam ［J］. Journal of sustainable tourism, 2014（7）：1071 – 1089.

［136］LITTLE W E. Getting organized：political and economic dilemmas for Maya handicrafts vendors ［J］. Latin American perspectives, 2005（5）：80 – 100.

［137］苏静, 陆林. 非正式部门（informal sector）：旅游研究中不可忽视的领域 ［J］. 旅游学刊, 2009（1）：71 – 76.

［138］QIN D, XU H, CHUNG Y. Perceived impacts of the poverty alleviation tourism policy on the poor in China ［J］. Journal of hospitality and tourism management, 2019（1）：41 – 50.

［139］CUKIER J, WALL G. Informal tourism employment：vendors in Bali, Indonesia ［J］. Tourism management, 1994（6）：464 – 467.

［140］TIMOTHY D J, WALL G. Selling to tourists：Indonesian street vendors ［J］. Annals of tourism research, 1997（2）：322 – 340.

［141］WAHNSCHAFFT R, BLANC D L. Special issue on tourism ［J］. Natural resources forum, 2013（2）：67 – 69.

［142］郭为, 秦宇, 王丽. 旅游非正规就业的群体特征与行业满意度：以青岛和烟台的旅游非正规部门调查为例 ［J］. 旅游学刊, 2012（7）：81 – 90.

［143］梁增贤, 谢春红. 旅游非正规就业：职业发展的末端还是通道 ［J］. 旅游学刊, 2016（1）：102 – 110.

［144］孟威. 旅游非正规就业者污名化研究 ［J］. 旅游学刊, 2020

（6）：66 – 77.

［145］袁超，孔翔，陈品宇，等. 乡村旅游中非正规导游的呈现：主动选择还是外部促动［J］. 旅游学刊，2021（1）：87 – 98.

［146］梁增贤，保继刚. 主题公园周边非正规就业管制的堵与疏：以北京欢乐谷为例［J］. 城市问题，2012（4）：67 – 72.

［147］LOSBY J L，ELSE J F，KINGSLOW M E，et al. Informal economy literature review［R］. ISED consulting and research，2002：1 – 55.

［148］张若阳，付萧萧，章牧，等. 乡村旅游非正规就业居民的社会排斥感知研究：以珠玑古巷为例［J］. 旅游学刊，2019（5）：26 – 36.

［149］GUTTENTAG D. Airbnb：disruptive innovation and the rise of an informal tourism accommodation sector［J］. Current issues in tourism，2015（12）：1192 – 1217.

［150］AKTER M，ALIM M A，SHABBIR R，et al. The mediating effects of place satisfaction and support for community：an evaluation of the performance of small and medium tourism enterprises in Bangladesh［J］. Asian journal of business and accounting，2020（2）：27 – 48.

［151］NIKRAFTAR T，HOSSEINI E. Factors affecting entrepreneurial opportunities recognition in tourism small and medium sized enterprises［J］. Tourism review，2016，71（1）：6 – 17.

［152］FIGUEROA D C，DE J A，WILLIAMS A M. Gender，tourism & entrepreneurship：a critical review［J］. Annals of tourism research，2020（5）：73 – 85.

［153］GEORGELLIS Y，SESSIONS J，TSITSIANIS N. Pecuniary and non-pecuniary aspects of self-employment survival［J］. The quarterly review of economics and finance，2007（1）：94 – 112.

［154］吴传龙，孙九霞，邓家霖. 旅游地流动摊贩的空间生存状态及其影响机制［J］. 人文地理，2020（4）：146 – 153.

［155］郭为，秦宇，黄卫东，等. 旅游产业融合、新业态与非正规就业增长：一个基于经验与概念模型的实证分析［J］. 旅游学刊，2017

（6）：14 – 27.

［156］郭为，厉新建，许珂. 被忽视的真实力量：旅游非正规就业及其拉动效应［J］. 旅游学刊，2014（8）：70 – 79.

［157］JONES T, RAM M, EDWARDS P. Shades of grey in the informal economy［J］. International journal of sociology social policy, 2006（12）：57 – 373.

［158］汪娜莎，徐霭婷. 浅析影响我国城镇居民非正规就业选择的因素［J］. 统计科学与实践，2012（8）：17 – 19.

［159］WANG C, LI G, XU H. Impact of lifestyle-oriented motivation on small tourism enterprises' social responsibility and performance［J］. Journal of travel research, 2019（7）：1146 – 1160.

［160］杨钊，陆林，陆应诚. 九华山旅游劳工转移模式及从业感知研究［J］. 安徽师范大学学报（自然科学版），2007（2）：177 – 180.

［161］梁增贤，黎结仪，文彤. 城市旅游非正规就业者生活质量感知研究：以广州为例［J］. 旅游学刊，2015（9）：72 – 81.

［162］郭为，田加文. 贫困、家庭话语权与旅游非正规就业：对青岛旅游非正规就业者的调查［J］. 旅游科学，2018（3）：39 – 50.

［163］AGADJANIAN V J. Competition and cooperation among working women in the context of structural adjustment：the case of street vendors in La Paz-El Alto, Bolivia［J］. Journal of developing societies, 2002（2）：259 – 285.

［164］KOTO P S. Is social capital important in formal-informal sector linkages［J］. Journal of developmental entrepreneurship, 2017（2）：1 – 16.

［165］KEBEDE G F. Social capital and entrepreneurial outcomes：Evidence from informal sector entrepreneurs in Ethiopia［J］. The journal of entrepreneurship, 2018（2）：209 – 242.

［166］黄晓军，李诚固，黄馨. 转型期我国大城市的社会空间治理［J］. 世界地理研究，2009（1）：67 – 73.

［167］尹晓颖，薛德升，闫小培. "城中村"非正规部门形成发展机

制：以深圳市蔡屋围为例 ［J］. 经济地理，2006（6）：969 - 973.

［168］TAYLOR. Unchs（Habitat）-the global campaign for good urban governance ［J］. Environment and urbanization，2000（1）：197 - 202.

［169］张延吉，秦波. 非正规就业的空间集聚及与正规就业的共栖关系：基于全国工业和生活服务业的实证研究 ［J］. 经济地理，2015（8）：142 - 148.

［170］唐亚林. 城市生活的非正规性及其治理 ［J］. 江南大学学报（人文社会科学版），2011（4）：51 - 52.

［171］雅各布斯. 美国大城市的死与生 ［M］. 金衡山，译. 南京：译林出版社，2006：136.

［172］BOONJUBUN C. Conflicts over streets：the eviction of Bangkok street vendors ［J］. Cities，2017（1）：22 - 31.

［173］冯革群. 全球化背景下非正规城市发展的状态 ［J］. 规划师，2007（11）：85 - 88.

［174］徐红罡. 旅游业中的二元结构及公共政策研究 ［J］. 思想战线，2004（1）：96 - 100.

［175］哈维. 正义、自然和差异地理学 ［M］.2 版. 胡大平，译. 上海：上海人民出版社，2010：233 - 240.

［176］徐炜锋，阮青松. 企业社会资本能否促成企业并购取得成功：基于资源获取视角 ［J］. 软科学，2022（10）：63 - 69.

［177］董静，余婕. 外层网络资源获取、制度环境与孵化器创新绩效研究 ［J］. 科技进步与对策，2020（10）：1 - 10.

［178］MALASAN P L. The untold flavour of street food：social infrastructure as a means of everyday politics for street vendors in Bandung，Indonesia ［J］. Asia pacific viewpoint，2019（1）：51 - 64.

［179］周雪光. 运动型治理机制：中国国家治理的制度逻辑再思考 ［J］. 开放时代，2012（9）：105 - 125.

［180］李汉宗. 血缘、地缘、业缘：新市民的社会关系转型 ［J］. 深圳大学学报（人文社会科学版），2013（4）：113 - 119.

· 165 ·

[181] 汪华, 陈玮. 地缘网络、乡土意识与农民工集体抗争：基于珠三角农民工集体停工案例的实证研究 [J]. 学术界, 2016 (1): 52 - 62.

[182] 商淑秀, 张再生. 基于社会资本视角的虚拟企业知识共享 [J]. 中国软科学, 2013 (11): 101 - 111.

[183] 张延吉, 张磊. 城镇非正规就业与城市人口增长的自组织规律 [J]. 城市规划, 2016 (10): 9 - 16.

[184] 欧阳兵. 陌生人社交视野的二手手机收购摊贩互信交易 [J]. 重庆社会科学, 2013 (11): 41 - 47.

[185] HUTCHINGS K, MICHAILOVA S. The impact of group membership on knowledge sharing in Russia and China [J]. International journal of emerging markets, 2006 (1): 21 - 34.

[186] HAMEL G. Competition for competence and interpartner learning within international strategic alliances [J]. Strategic management journal, 1991 (S1): 83 - 103.

[187] 陈映芳. 流动群体的互助网络及其道德秩序 [J]. 国际社会科学杂志 (中文版), 2013 (4): 12 - 24.

[188] 卢宏宇, 余晓. 知识转化如何影响企业标准化能力：技术能力的中介效应 [J]. 中国管理科学, 2021 (12): 215 - 226.

[189] 吴玉浩, 姜红, 刘文韬. 基于知识流动视角的"标准化 + 知识"战略协同机制研究 [J]. 情报杂志, 2018 (8): 180 - 185.

[190] 林南, 俞弘强. 社会网络与地位获得 [J]. 马克思主义与现实, 2003 (2): 46 - 59.

[191] 王双龙, 马璇. 团队创新行为与标准化工作实践对团队绩效的影响机制研究 [J]. 中国科技论坛, 2015 (1): 138 - 142.

[192] 蔡绍洪, 汪劲松, 徐和平. 区域企业群落向产业集群演化的自组织协同机制 [J]. 经济问题探索, 2007 (3): 69 - 73.

[193] 李裕瑞, 常贵蒋, 曹丽哲, 龙花楼. 论乡村能人与乡村发展 [J]. 地理科学进展, 2020 (10): 1632 - 1642.

[194] 徐小芳. 信任对中小企业联盟稳定性的影响研究 [J]. 科技和

产业，2015（3）：89－93.

［195］孟威，保继刚. 从运动式治理到常态治理：5A 景区治理的政策网络分析［J］. 旅游学刊，2019（4）：66－76.

［196］周俊，赵晓翠. 以人为本的组织赋权：社会组织如何赋权帮扶对象——以 L 基金会的"新力优品计划"为例［J］. 学习与实践，2022（1）：98－108.

［197］吴兴帜，梁昭莉. 以生为计：中老边民跨界流动的认知研究［J］. 贵州民族研究，2021（1）：107－112.

［198］刘冀徽，贾丽凤. 非正规就业群体的就业保障问题研究［J］. 改革与战略，2016（5）：141－145.

［199］ZARRAGA C，BONACHE J. The impact of team atmosphere on knowledge outcomes in self-managed teams［J］. Organization studies，2005（5）：661－681.

［200］梁微，徐红罡，THOMAS R. 大理古城生活方式型旅游企业的动机和目标研究［J］. 旅游学刊，2010（2）：47－53.

附录 A：观察记录表

时间：   地点：   编号：

谁？（多少人？什么人？构成怎样的群体？角色身份是什么？谁是负责人？谁是追随者？）	
什么？（发生了什么事情？不同的人的行为是什么？讲了什么，语气如何？做了什么，动作如何？是常规行为还是特殊事件？）	
何时？（发生时间？持续时间？出现的频率？）	
何地？（发生在哪里？这个地点有什么特色？还有其他地方发生类似的事件吗？同样的事件在这个地点与其他地点有什么不同吗？）	
如何？（事件是如何发生的？有什么明显的规范或规则？与其他事件存在怎样的关系？）	
为什么？（原因是什么？目的是什么？人们各自的态度是什么？）	

附录 B：访谈提纲

一、口述史调查

进入渠道	1. 请问您是什么时候来到广州塔从事旅游摄影的？通过什么渠道加入这个群体？
发展过程	2. 您刚来那会儿，广州塔大概有多少旅游摄影者？现在呢？变化的过程是怎样的？
	3. 哪些人是从开始一直经营到现在的？他们有没有介绍其他人来一起经营？
	4. 您有没有介绍其他人来一起经营？
特殊事件	5. 请您描述一下从事旅游摄影过程中的一些印象深刻的事件（追问原因和结果）。

二、自组织机制

治理规范	1. 您认为这里属于你们的地盘吗？
	2. 在这里经营旅游摄影需要遵守行规吗？具体的行规有哪些？（提示：准入机制、定价机制、竞争与合作、分享与模拟等）
	3. 这些行规是谁制定的？有没有明文规定？
	4. 您从哪里得知这些行规？（是被告知还是自己观察）

（续上表）

监督机制	5. 大家都会遵守这些行规吗？
	6. 您觉得大家都会遵守这些行规吗？
	7. 有没有不遵守行规的例子？后果是什么？
	8. 您认为现有的行规足够吗？如果可以，您希望增加怎样的规定？
互惠机制	9. 当您在工作过程中遇到困难，您会向谁求助？
	10. 当别人向您求助的时候，您会给予帮助吗？什么情况下会帮？什么情况下不会？
	11. 当您发现新的产品时，您会推荐给其他人吗？
	12. 你们会相互推荐顾客吗？什么情况下会相互推荐？
信任机制	13. 你们之间会相互信任吗？
	14. 哪些人最可信？他们跟您是什么关系？
声誉机制	15. 您认为这个群体中谁最有号召力？（如谁常常处理内外部矛盾）
	16. 你们怎样做会得到大家的认可？怎样做又会受到大家的批评？

三、他治理机制

城管管制	1. 请您谈谈您对城管的看法。
	2. 城管的管制手段主要有哪些？
景区管理	3. 请您谈谈对广州塔景区管理者的看法？
	4. 他们对你们的管理手段主要有哪些？
	5. 官方摄影店设立以后，你们跟他们发生过怎样的矛盾？矛盾是怎样解决的？
其他组织	6. 有其他群体跟你们抢地盘吗？你们采取怎样的行动？
	7. 假设有这样的可能，政府让你们自我管理，你们认为由谁当管理者比较好？您认为应该设立怎样的管理规则？

附录C：旅游景区/景点周边旅游就业者调查问卷

尊敬的女士/先生：您好！

我们是暨南大学的老师和学生，正在调查旅游景区周边流动摊贩的经营状况。本调查成果仅用于学术研究，不会用于任何商业用途，所有问题均为匿名回答，请您根据自己的实际情况放心填写。非常感谢您的配合与支持！

1. 您在广州塔景区从事旅游摄影的时间为：

    A. 1 年以下　　B. 1~2 年　　C. 3~5 年　　D. 5 年以上

2. 您在广州塔景区从事旅游摄影的身份是：

    A. 全职　　　　　　　　　B. 兼职

    C. 自由职业者副业　　　　D. 其他

3. 您为当前的旅游摄影工作投资了多少钱：

    A. 5 000 元或以下　　　　B. 5 001~10 000 元

    C. 10 001~20 000 元　　　D. 20 000 元以上

4. 您从事旅游摄影工作后的平均月收入为：

    A. 1 000 元或以下　　　　B. 1 001~2 000 元

    C. 2 001~3 000 元　　　　D. 3 001~4 000 元

    E. 4 001~5 000 元　　　　F. 5 001~10 000 元

    G. 10 000 元以上

5. 您平均每天的工作时间是：

    A. 4 小时及以下　　　　　B. 5~7 小时

    C. 8~10 小时　　　　　　D. 11~13 小时

    E. 14 小时及以上

6. 您从事旅游摄影的过程中所受到城管管制的频率为：

    A. 几乎每天一次   B. 每周 1 或 2 次

    C. 几乎每周一次   D. 平时管制较少，特殊时间管制加强

7. 您从事旅游摄影的过程中所受到景区管制的频率为：

    A. 几乎每天一次   B. 每周 1 或 2 次

    C. 几乎每周一次   D. 平时管制较少，特殊时间管制加强

8. 您是否有换工作的打算：

    A. 有   B. 无   C. 不知道

9. 您是通过什么渠道来到广州塔景区从事旅游摄影：

    A. 偶遇好时机，想来就来

    B. 熟人介绍

    C. 暂时顶替熟人

10. 您在这个拍照群体中认识的人有多少个：

    A. 10 个或以下   B. 11~20 个   C. 21~30 个

    D. 31~40 个   E. 41~50 个   F. 50 个以上

11. 个人基本信息

    ①您的性别：A. 男   B. 女

    ②您的户籍：_____国_____省_____市

    ③您的年龄：A. 15 岁以下   B. 16~25 岁

                C. 26~35 岁   D. 36~45 岁

                E. 46~60 岁   F. 60 岁以上

    ④您的学历：A. 小学以下   B. 小学   C. 初中

                D. 高中或中专   E. 大专   F. 本科或以上

    ⑤您的家庭结构：A. 单身   B. 单亲家庭带小孩

                   C. 一对夫妇   D. 一对夫妇带 1 个小孩

                E 一对夫妇带 2 个小孩   F. 一对夫妇带多个小孩

                 G. 三代同堂   H. 其他

    ⑥您的居住地：_____区_____街道/乡/镇_____社区/村

后 记

    非正规部门是社会经济的重要组成部分，其以自我雇佣的灵活特征吸引大量劳动者成为非正规就业者。国际劳工组织 2018 年发布的数据显示，全球大约有 61% 的劳动者从事着非正规工作。非正规就业对于缓解就业压力、方便社区生活、促进经济发展，甚至培育企业家，都具有积极作用。作为发展中国家，中国的非正规就业群体规模庞大，并且广泛分布在第一、第二、第三产业部门中，分布在农村和城市，分布在正规和非正规的各种组织里，其衍生的社会问题复杂而亟待解决。以往的研究聚焦该群体的无序和无利等非正规特征，并强调对其进行治理。本书认为，非正规就业群体并非无序和无利，他们有其自身的行动规则。旅游经营的低门槛性和旺季需求量骤增的特点吸引了很多非正规就业者，因此本书以依托广州塔景区的旅游非正规群体为研究对象，重点关注旅游非正规群体的社会网络和群体自组织，以探究旅游非正规群体的有序和有利发展。

    与主流非正规就业研究相类似，非正规旅游就业研究经历了从概念界定、从业特征、社会影响转向政府治理，政府治理从高强度管制的"堵"转向使非正规群体正规化的"疏"，但仍有提升空间。本书则从非正规群体的视角关注其自我管理，借助自组织理论建立了旅游非正规群体与自组织理论的连接点，重点关注一系列问题：旅游非正规群体是如何实现自组织的？自组织背后的支持机制是什么？自组织带来了怎样的社会影响？该群体的自组织行为对于其他非正规群体的管理和引导有着怎样的借鉴意义？在融入社会网络关系、社会冲突、空间关系等基础上，通过对群体自组织的形成过程、空间环境、社会网络和效益表现的系列研究来探究旅游非正规群体的自我管治机制。

    本书是在围绕旅游非正规群体长达 10 年的跟踪研究过程中逐步形成和

完善的，其间得到了众多学术同人的持续支持。中山大学旅游学院梁增贤教授、广州大学地理科学与遥感学院张博副教授、广东科技学院管理学院刘小同讲师、暨南大学管理学院毕业生秦浤（硕士）都在不同阶段参与了相关研究工作。与他们合作分别发表在《旅游学刊》《人文地理》和 *Tourist Studies*、*Chinese Management Studies* 等期刊的论文奠定了本书扎实的研究基础，也是成功获批教育部哲学社会科学研究后期资助项目（项目编号：18JHQ059）的重要支撑。在此，对他们的协助表示衷心感谢！本书的出版还要感谢暨南大学出版社潘雅琴、张钊两位编辑所做的大量工作！也要特别感谢本书的合作者黎结仪、郭强的辛勤付出！

路漫漫其修远兮，希望与志同道合的同人们继续一起前行！

文 彤

2024 年 8 月于暨南园